Eugène Snosko-Borowski

So darfst Du nicht Schach spielen

Joachim Beyer Verlag

Der Verlag bedankt sich für die Überarbeitung des Werkes bei den Deutschen Großmeistern Rainer Knaak und Lothar Vogt.

ISBN 978-3-95920-156-8

6. Auflage 2022

Ein Imprint des Schachverlag Ullrich, Zur Wallfahrtskirche 5, 97483 Eltmann

Herausgeber: Robert Ullrich

Inhaltsverzeichnis

Themen, um die „SO DARFST DU NICHT SCHACH SPIELEN“ von den beiden deutschen Großmeistern Rainer Knaak und Lothar Vogt ergänzt wurden, sind im Inhaltsverzeichnis in *Kursivschrift* hervorgehoben.

Vorwort des Verfassers

Der Titel dieses kleinen Buches und die ihm zu Grunde liegende Idee kamen mir in den Sinn, als ich im Oktober 1926 in Liverpool unter der Schwebebahn spazieren ging und über einen Vortrag nachdachte, den ich in dieser Stadt halten sollte.

Seit damals sind einige Jahre vergangen, und ich habe meinen Vortrag, den ich seitdem in vielen Städten mancher Länder gehalten habe, verschiedentlich abgeändert. Anfangs war eine Zeit von 20-30 Minuten dafür vorgesehen, doch bald reichte das nicht mehr aus, es wurden 1–1½ Stunden nötig. Diesen Vortrag lege ich nun in einer erweiterten und revidierten Form meinen Lesern vor und bitte um freundliche Aufmerksamkeit.

Wenn auch der Umfang des Vortrages größer und reichhaltiger wurde, so blieb sein Charakter doch immer der gleiche. Ich war bestrebt, die leichteste und populärste Form zu finden, um gewisse Hauptideen der Schachstrategie auseinanderzusetzen. Dabei sollte selbst der schwächste Spieler mich verstehen können, es sollte aber auch derjenige, der schon ein wenig mehr von Schach weiß, etwas davon haben und mir gerne folgen. Sehr angenehm berührt war ich von der Tatsache, dass dieser Vortrag überall mit aufmerksamem Interesse aufgenommen wurde. Wenn ich ihn jetzt in Buchform veröffentliche, so geschieht das in Erfüllung vielfach geäußerter Wünsche. Dieses Buch richtet sich zwar an den Anfänger, erhebt aber keinen Anspruch darauf, ein vollständiges Schachlehrbuch zu sein. Viele für einen Anfänger notwendige Dinge fehlen hier. Z.B. erkläre ich nicht, wie die Figuren ziehen. Etwas also muss der Leser schon vom Schachspiel wissen, um dieses Büchlein lesen und verstehen zu können. Mein Ziel ist vielmehr, gewisse Punkte darzustellen, die man gewöhnlich in Büchern für Anfänger vermisst, obwohl sie besser in diesen als in Büchern für stärkere Spieler behandelt werden sollten.

Ich hoffe, dass meine Ausführungen bei den Spielern Interesse wachrufen und ihre Liebe zum Schach steigern; manch einer wird, glaube ich, auf den folgenden Blättern Verschiedenes finden, woran er bisher nicht gedacht hat. Jedenfalls aber wird jedem klar werden, was nicht oft genug wiederholt werden kann:

Schach ist ein Spiel des Verstandes, nicht des Gedächtnisses.

Eugène Snosko-Borowski

Mache keine Fehler!

Fehler zu vermeiden, ist das oberste Ziel; denn es bedeutet höchste Meisterschaft. Wenn man keine Fehler begeht, ist man sicher, nie eine Partie zu verlieren. Vielmehr wird man mindestens remisieren, aber meistens gewinnen. Doch wie schwer ist das! Man verzweifelt bei dem Gedanken an all die Mühe, die man auf das Studium des Schachs verwandt hat, stellt man dem die kläglichen Ergebnisse gegenüber. Immer und immer wieder stellen sich die gleichen Anfangsfehler ein, und immer wieder tappt man in eine dieser nahezu archaischen Fallen. Es ist kaum zu glauben, aber Tatsache: alles, was die Meister lehren und in Turnieren und Wettkämpfen erproben, scheint dem Amateur auch nicht im Geringsten bei seinem Spiel zu helfen. Hier ein Beispiel für einen Fehler, dem man immer wieder einmal begegnet:

Nach den Zügen 1. e2-e4 e7-e5 2. Sg1-f3 Sb8-c6 3. Lf1-c4 d7-d6 4. d2-d4 Lc8-g4 5. Sb1-c3 h7-h6 6. d4xe5 Sc6xe5? gelangen wir zur Stellung 1.

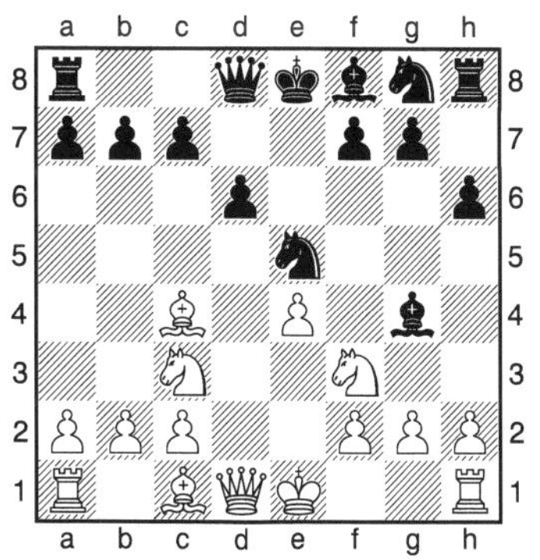

Stellung 1

Hier spielt Weiß 7. Sf3xe5! und opfert damit die Dame. Nach 7... Lg4xd1 folgt Matt in 2 Zügen durch 8. Lc4xf7+ Ke8-e7 9. Sc3-d5#. (Man beachte, dass Schwarz auch durch Ablehnung des Damenopfers das Spiel nicht rettet; Weiß gewinnt stets eine Figur, z.B. 7... d6xe5 8. Dd1xg4.)

Das ist die Blackburne-Falle; denn es war eine Spezialität von Blackburne, seine Gegner mit dieser Wendung zu überlisten, und er hat sie damit als Erster in der Schachwelt bekannt gemacht. An sich ist sie viel älter und kommt schon 1702 bei Philidors Lehrer Sire de Legall vor.

Der frühere russische Vorkämpfer Tschigorin fiel tatsächlich auf eine Version dieser Falle herein in seinem Wettkampf mit Dr. Tarrasch 1893. Nach den Zügen 1. e2-e4 e7-e5 2. Sg1-f3 Sb8-c6 3. Lf1-b5 a7-a6 4. Lb5-a4 Sg8-f6 5. Sb1-c3 Lf8-b4 6. Sc3-d5 Lb4-a5 7. 0-0 b7-b5 8. La4-b3 d7-d6 9. d2-d3 Lc8-g4 10. c2-c3 Sc6-e7? antwortete Dr. Tarrasch 11. Sf3xe5!.

Tschigorin war ein viel zu erfahrener Spieler, um blindlings die Dame zu nehmen, hier wäre er in 3 Zügen mattgesetzt worden oder hätte materielle Einbußen erlitten. Auf 11... Lg4xd1 folgt nämlich 12. Sd5xf6+ Ke8-f8 (wenn 12... gxf6, so 13. Lxf7+ Kf8 14. Lh6+) 13. Sf6-d7+ Dd8xd7 (sonst 14. Lxf7+) 14. Se5xd7+ Kf8-e8 15. Tf1xd1 Ke8xd7 16. Lb3xf7, und es ist klar, dass Weiß mit zwei Mehrbauern bei guter Stellung gewinnt. Aber auch bei Ablehnung des Damenopfers ist die schwarze Stellung hoffnungslos.

Das Beispiel zeigt, dass diese berühmte Falle in den verschiedensten Abwandlungen auftreten kann. Man darf wohl annehmen, dass sie die bekannteste aller Schachfallen ist und dass jeder Spieler mit ihr vertraut ist. Wer sie einmal wirklich verstanden hat, sollte eigentlich nie mehr darauf hereinfallen, so denkt man. Und doch begegnet man ihr immer wieder! Was ist daraus zu schließen?

Dass manche Spieler von dieser Falle nie etwas gesehen oder gehört haben? Nein! Sicher ist sie den meisten geläufig, aber sie haben sich nie das zu Grunde liegende Prinzip wirklich zu eigen gemacht. Sie denken nicht daran, dass diese Falle gegen sie selbst eingesetzt werden könnte, und fallen ihr namentlich zum Opfer, wenn sie in abweichendem Zusammenhang auftritt. Der Kernpunkt dieser Kombination beruht auf der beengten Königsstellung von Schwarz, die es Weiß gestattet, auf Kosten seiner Dame einen heftigen Angriff einzuleiten, der zum Matt führt oder das geopferte Material mit großem Stellungsvorteil zurückgewinnt.

Wir wollen ein weiteres Beispiel dieser Art betrachten, um zu erkennen, dass wir es hier nicht etwa mit einem Ausnahmefall zu tun haben. Eigentlich sollte jeder Schachspieler die folgende Glanzpartie Morphys kennen, die er in Paris 1858 während einer Opernaufführung gegen den Herzog von Braunschweig und den Grafen Isouard gewonnen hat. Morphy hatte Weiß. Nach den Zügen 1. e2-e4 e7-e5 2. Sg1-f3 d7-d6 3. d2-d4 Lc8-g4? 4. d4xe5 Lg4xf3 5. Dd1xf3 d6xe5 6. Lf1-c4 Sg8-f6 7. Df3-b3 Dd8-e7 8. Sb1-c3 c7-c6 9. Lc1-g5 b7-b5 ergab sich die Stellung 2.

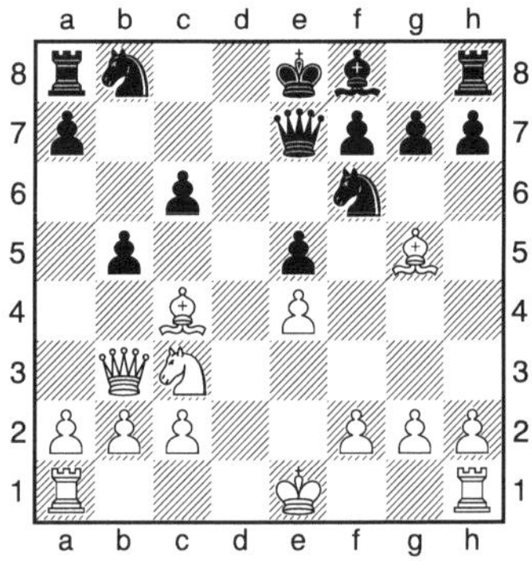

Stellung 2

Hier machte Morphy die folgende schöne Kombination: 10. Sc3xb5! c6xb5 11. Lc4xb5+ Sb8-d7 12. 0-0-0 Ta8-d8 13. Td1xd7! (hält den Druck aufrecht!) 13... Td8xd7 14. Th1-d1 De7-e6 15. Lb5xd7+ Sf6xd7 16. Db3-b8+ Sd7xb8 17. Td1-d8#.

Der Hauptfehler von Schwarz, der den Verlust der Partie verursachte, ist sein 3. Zug. Morphys Kombination ist so schön und weltweit so bekannt, dass ein Fehler wie hier nie wieder vorkommen sollte. Und doch wird er immer wieder begangen. Wie oft habe ich nicht selbst diese Kombination in Simultanpartien anwenden können! Einmal sah ich auch, wie ein Meister gegen einen Spieler, der durchaus kein Anfänger mehr war, fast die gesamte Kombination Morphys wiederholen konnte.

Wie ist das zu erklären? Man kann kaum annehmen, dass die Spieler jene Morphy-Partie nie gesehen haben, denn es gibt kaum ein Schachlehrbuch, das sie nicht enthält. Sie haben die Kombination gesehen, aber wieder vergessen, weil sie das Grundlegende derselben nicht verstanden haben. Wodurch wurde das Opferspiel von Morphy überhaupt ermöglicht?

Weiß hat vier gut entwickelte Figuren, die auf die beengte Königsstellung von Schwarz zielen; eine fünfte, nämlich der Ta1, kann sofort zur Unterstützung herangeholt werden. Schwarz andererseits hat nur zwei Figuren entwickelt, und die eine davon, der Sf6, ist gefesselt, während die Dame noch den Lf8 verstellt. Das alles ist die Folge des fehlerhaften Zuges 3... Lc8-g4, der nur die weiße Entwicklung fördert und, wie oben gezeigt, Schwarz in Verlegenheit bringt. Das Springeropfer, das sämtliche Linien zum feindlichen König öffnet, ist daher völlig legitim.

Man beachte übrigens den 13. Zug von Weiß, Td1xd7!. Die Deckungsfigur Td8 wird hierdurch gefesselt und so die Spannung aufrechterhalten, bis der andere Turm unterstützend eingreift. Hätte Weiß stattdessen 13. Lb5xd7+ gespielt, wäre Schwarz von nahezu aller Verlegenheit befreit worden.

Unzählige Partien werden in einer gewonnenen Stellung verschenkt, indem man durch unnötiges und vorzeitiges Aufgeben einer Fesselung den Gegner aus der gedrückten Stellung entkommen lässt.

Es ist viel nützlicher, eine Kombination in ihren Grundlagen zu verstehen, als sie auswendig zu lernen; denn ähnliche Kombinationen sind oft in anderen Stellungen nach anderen Eröffnungszügen möglich. Hat man das Prinzipielle verstanden, so kann man solche Stellungen ausnutzen bzw. der Gefahr aus dem Wege gehen, auch wenn man sich an die eigentliche Kombination nicht mehr genau erinnert. Wenn man sie aber nur auswendig gelernt und später wieder vergessen hat, ist man ihr hilflos ausgeliefert.

Spiele die Eröffnung nicht automatisch und ohne Überlegung!

Hier liegt eine große Fehlerquelle. Oft machen die Spieler die Eröffnungszüge ganz mechanisch, ohne über ihre Bedeutung nachzudenken. Sie haben es so in vielen Meisterpartien gesehen, das allein garantiert ihnen die Qualität des Zuges. Aber was dahintersteckt, seine starken und seine schwachen Seiten, das haben sie nicht erfasst. Wenn daher der Gegner einen ungewöhnlichen Zug einfügt, der vielleicht sogar schlecht ist, kommen sie aus dem Konzept und wissen ihn nicht angemessen zu erwidern oder auszunutzen.

Es ist unmöglich, alle Varianten und Untervarianten einer Eröffnung im Kopf zu speichern. Aber wenn man die Richtlinien, die Grundidee einer Eröffnung wirklich verstanden hat, wird man selten in Verlegenheit geraten wegen einer guten Antwort auf einen ungewöhnlichen Zug des Gegners.

Jeder kennt die folgenden Anfangszüge des beliebten Damengambits: 1. d2-d4 d7-d5 2. c2-c4 e7-e6 3. Sb1-c3 Sg8-f6 4. Lc1-g5, und nun spielt Schwarz hier 4... Lf8-e7 oder auch oft Sb8-d7. Man weiß, dass diese Züge von den Meistern praktiziert werden, und übernimmt sie deshalb, ohne über ihre Bedeutung nachzudenken.

Mancher weiß z.B. nicht, dass Schwarz mit 4... Sb8-d7 eine hübsche Falle stellt, die zu einer eleganten Kombination führen kann.

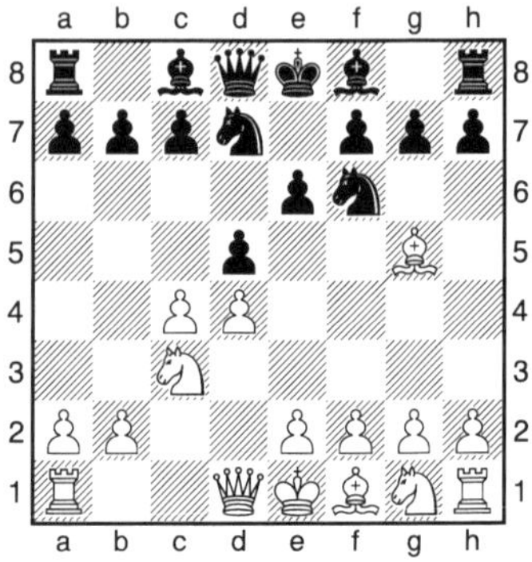

Stellung 3

Auf den ersten Blick sieht man, dass Weiß hier einen Bauern gewinnen kann, weil der Sf6 gefesselt ist; der schwarze Damenbauer ist also ungenügend gedeckt. Ist das nun ein Übersehen von Schwarz, und kann Weiß nicht einfach 5. c4xd5 e6xd5 6. Sc3xd5 spielen?

Sicherlich würden zwei Anfänger gar nicht merken, um was es hier geht. Weiß würde nicht sehen, dass ein Bauer zu gewinnen ist, und Schwarz nicht, dass sein zentraler Bauer in Gefahr schwebt. Und wenn Weiß doch auf d5 schlägt, so würde Schwarz gewiss nicht die richtige Antwort finden, sondern auf die Meister schimpfen, die ihn zu diesem dummen Zug verleitet haben.

Wie gesagt, hat Schwarz mit 4... Sb8-d7 tatsächlich eine hübsche Falle gestellt, denn nach 5. c4xd5 e6xd5 6. Sc3xd5 spielt Schwarz Sf6xd5 und lässt die Dame einstehen. Aber nach 7. Lg5xd8 Lf8-b4+ ist Weiß zu 8. Dd1-

d2 gezwungen, und nach 8... Lb4xd2+ 9. Ke1xd2 Ke8xd8 hat Schwarz seine Dame zurückgewonnen und zusätzlich noch eine ganze Figur.

Es ist wohl kaum übertrieben, wenn man annimmt, dass 99 von 100 Spielern 4... Sb8-d7 ziehen, ohne sich vor Augen zu führen, dass sie damit ein Damenopfer anbieten. Sie wären vielmehr höchst erstaunt, wenn man ihnen dies sagen würde.

Eine ganz ähnliche Kombination gibt es in folgender Variante der Skandinavischen Verteidigung: 1. e2-e4 d7-d5 2. e4xd5 Dd8xd5 3. Sb1-c3 Dd5-d8 4. d2-d4 Sb8-c6 5. Sg1-f3 Lc8-g4 6. d4-d5 Sc6-e5? 7. Sf3xe5! Lg4xd1 8. Lf1-b5+ c7-c6 9. d5xc6, und Weiß gewinnt.

Lerne nicht Varianten auswendig, sondern versuche, sie zu verstehen!

Dieses Auswendiglernen von Varianten ist ein weiterer und sehr wesentlicher Grund für Anfängerfehler. Die meisten Lehrbücher legen mehr Wert darauf, zahllose Eröffnungsvarianten aufzuführen, als dem Anfänger zu erklären, welche Gründe und Motive die einzelnen Züge bestimmen, um so von vornherein das Positionsgefühl auszubilden und zum eigenen Denken anzuregen. Das nämlich sind die Fundamente des Schachspiels!

So aber hat der Leser, wenn er sich schließlich durch endlose Varianten hindurchgearbeitet hat, nur einen sehr kleinen Teil der angegebenen Züge wirklich verstanden. Er schickt sich an, die Varianten auswendig zu lernen, aber mit welchem Erfolg? In ein paar Wochen hat er das meiste wieder völlig vergessen, er macht die Züge in falscher Reihenfolge oder verwechselt sie anderweitig. Weil er sie eben nie richtig verstanden hat, erinnert er sich nur, dass in der betreffenden Eröffnung bestimmte Züge üblich sind, die er dann allzu leicht an der falschen Stelle anbringt.

Wie gefährlich es ist, in der Eröffnung zwei Varianten zu vermischen, dafür gibt die folgende kleine Partie aus einer Simultanvorstellung von Nimzowitsch im Jahre 1920 ein lehrreiches Beispiel.

1. e2-e4 e7-e5 2. Sg1-f3 Sb8-c6 3. Lf1-b5 Sg8-f6 4. 0-0 d7-d6 5. d2-d4 Sf6xe4?

Schwarz musste hier Ld7 spielen. Er hat zwei an sich sehr gute Verteidigungen der Spanischen Partie verwechselt, die Berliner Verteidigung 3... Sf6 4. 0-0 Sxe4 und die Steinitz-Verteidigung 3... d6. Mit 4... d6 lenkt er in die letztere ein, und wenn er ihre Grundidee verstanden hätte (oder vielmehr die von beiden Verteidigungen), so wäre er niemals auf 5... Sxe4 verfallen. Aber die Strafe folgte auf dem Fuße.

6. d4-d5 a7-a6 7. Lb5-d3 Se4-f6 8. d5xc6 e5-e4 9. Tf1-e1 d6-d5

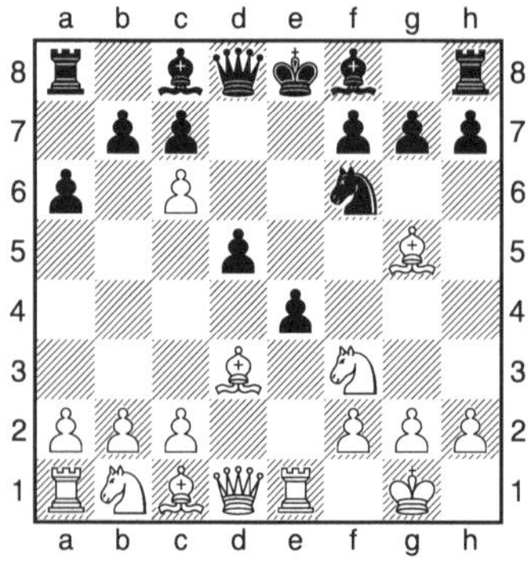

Stellung 4

10. Ld3-e2!! e4xf3 Schwarz rennt ins Verderben. 11. c6xb7! Lc8xb7 12. Le2-b5+.

Eine hübsche Beigabe der Kombination besteht darin, dass Schwarz, wenn er 11... fxe2 statt Lxb7 spielt, nach 12. bxa8D die weiße Dame nicht schlagen kann, weil der Be2 gefesselt ist.

Für derart unheilvolle Verwechslungen gibt es zahllose Beispiele. Gemeinhin wird ein solcher Spieler durch eine Zugabweichung des Gegners leicht aus dem Konzept gebracht, und selbst wenn die Züge beiderseits gemäß der Buchvariante abgewickelt werden, so kommt irgendwann der Zeitpunkt, wo er auf eigene Ideen angewiesen ist. Die von ihm gelernte Variante schließt vielleicht mit den Worten „Weiß hat die bessere Stellung“. Das mag wohl wahr sein, aber was in aller Welt soll er mit der „besseren Stellung“ anfangen? Wie soll er sie ausnutzen?

Zur Lösung dieser Aufgabe kann ihm das Buch nicht verhelfen.

Kann es angesichts solcher Enttäuschungen verwundern, wenn viele mit dem ernsthaften Willen zum Erlernen des Spiels das Studium wegen zu hoher Schwierigkeit aufgeben oder, ohne sich um irgendwelche Theorie zu kümmern, sich damit begnügen, Figuren zu schieben?

Unsere Aufgabe ist also klar vorgezeichnet: Wir müssen versuchen, die Schwierigkeiten aus dem Wege zu räumen und den Leser zu überzeugen, dass gutes Schachspielen gar nicht so schwer ist.

Verfehlt wäre indes der Glaube, dass gesunder Menschenverstand allein schon genügt, um ein guter Schachspieler zu sein. In jeder Kunst wie in jeder Wissenschaft müssen wir auf den Leistungen unserer Vorgänger aufbauen. So müssen wir auch im Schach neben den Eröffnungen und ihren Tücken noch einiges mehr lernen und wissen.

Einige Eröffnungsfallen und -kombinationen sind so kompliziert, dass man sie sich besser merkt, als sie während des Spiels durchzudenken. Im Allgemeinen würde der weniger geübte Durchschnittsspieler dazu auch gar nicht im Stande sein.

Ein Beispiel hierfür ist die folgende hübsche Kombination in der Spanischen Partie, die als **Tarrasch-Falle** bekannt ist. Im Februarheft der *Deutschen Schachzeitung* 1891 hat Dr. Tarrasch sie veröffentlicht und damit gezeigt, welche Gefahren für den Unkundigen bei der Steinitz-Verteidigung der „Spanischen“ im Hintergrund lauern. Ein Jahr später, im Turnier zu Dresden 1892, konnte Dr. Tarrasch in seiner Partie gegen G. Marco die gesamte Kombination anbringen. Heute dürfte sie jeder bessere Spieler kennen. Der Verlauf ist wie folgt:

1. e2-e4 e7-e5 2. Sg1-f3 Sb8-c6 3. Lf1-b5 d7-d6 4. d2-d4 Lc8-d7 5. 0-0 Sg8-f6 6. Tf1-e1 Lf8-e7 7. Sb1-c3

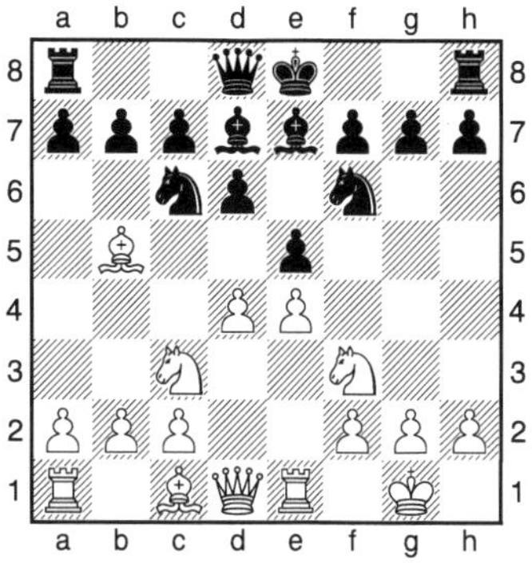

Stellung 5

Der letzte Zug von Weiß sieht ganz harmlos aus, denn er scheint an der Zentrumsstellung nichts Wesentliches zu ändern. Das ist jedoch ein gewaltiger Irrtum!

Setzt Schwarz jetzt seine Entwicklung mit dem naheliegenden 7... 0-0 fort, so verliert er bestenfalls einen Bauern, nämlich wenn er noch rechtzeitig merkt, was im Busch ist. Andernfalls büßt er aber eine Figur oder wenigstens die Qualität ein. Das liegt daran, dass nach 7. Sc3 der weiße e-Bauer doppelt gedeckt ist. Marco zog arglos 7... 0-0?, und das Spiel ging so weiter: 8. Lb5xc6 Ld7xc6 (Nach 8... bxc6 9. dxe5 dxe5 10. Sxe5 hat Schwarz ohne Kompensation einen wertvollen Mittelbauern verloren; trotzdem wäre das noch das kleinere Übel.) 9. d4xe5 d6xe5 10. Dd1xd8 Ta8xd8 11. Sf3xe5 Lc6xe4 12. Sc3xe4 Sf6xe4 13. Se5-d3 f7-f5 14. f2-f3 Le7-c5+ 15. Sd3xc5 Se4xc5 16. Lc1-g5! Td8-d5 17. Lg5-e7 Tf8-e8 18. c2-c4, und Weiß gewinnt eine Figur oder die Qualität.

Auch wenn Schwarz im 10. Zug mit dem anderen Turm schlägt, ändert das nichts; denn nach 10... Tf8xd8 11. Sf3xe5 Lc6xe4 12. Sc3xe4 Sf6xe4 13. Se5-d3 f7-f5 14. f2-f3 Le7-c5+ 15. Kg1-f1! verliert Schwarz wieder eine Figur oder die Qualität. Man beachte, dass Weiß in der ersten Variante (mit 10... Tad8) auf 14... Lc5+ nicht gut 15. Kf1 spielen kann, sonst würde sich nämlich Schwarz mit 15... Lc5-b6 retten können, da er nach 16. f3xe4 f5xe4+ die Figur zurückgewinnt.

Die Bedeutung dieser Falle leuchtet ohne Weiteres ein. Man muss sich daher merken, dass Schwarz bei dieser Variante in dem Augenblick, wo Weiß seinen e-Bauern zum zweiten Male deckt, sofort auf d4 tauschen muss, bevor er seine Entwicklung fortsetzt.

Nimm nichts auf Treu und Glauben hin, sondern prüfe und überlege selbst!

Man glaube ja nicht, dass es leicht sei, für jeden wichtigen Gesichtspunkt eine allseitig befriedigende Erklärung zu geben. So fragte mich einmal jemand: „Stimmt es, dass es nicht vorteilhaft ist, in der Eröffnung dieselbe Figur mehrmals zu ziehen?" „Gewiss", antwortete ich. „Ist es wahr", fragte er weiter, „dass die Spanische Partie einer der besten Eröffnungen ist?" „Jawohl, das ist richtig", erwiderte ich. „Aber wie reimt sich das zusammen", warf er erstaunt ein, „wo doch Weiß in der Spanischen 4 von seinen ersten 9 Zügen mit dem Königsläufer macht?" Er hatte ganz Recht; denn diese Eröffnungszüge sind 1. e2-e4 e7-e5 2. Sg1-f3 Sb8-c6 3. Lf1-b5 a7-a6 4. Lb5-a4 Sg8-f6 5. 0-0 Lf8-e7 6. Tf1-e1 b7-b5 7. La4-b3 d7-d6 8. c2-c3 Sc6-a5 9. Lb3-c2 0-0 usw. Ich musste ihm klarmachen, dass Schwarz, um diese vier Läuferzüge zu erzwingen, durch das Vorrücken der Bauern seinen Damenflügel geschwächt hat, dass er selbst seinen Springer zweimal gezogen hat und noch dazu auf ein ungünstiges Randfeld, und dass überhaupt bei korrektem Spiel des Gegners unmöglich ein Plus herauszuholen ist.

Hier wird deutlich, wie schwierig es oft ist, dem Anfänger alles so zu erklären, dass Missverständnisse vermieden werden. Zu den einfachsten Regeln lassen sich, wenn sie wörtlich genommen werden, stets Gegenbeispiele finden. Gerade den Anfänger können manche Erklärungen tatsächlich kaum befriedigen. So wird nach 1. e2-e4 e7-e5 2. Sg1-f3 gewöhnlich notiert, dass der zweite Zug von Weiß in der Absicht geschieht, den schwarzen e-Bauern zu gewinnen. Das kann unmöglich die richtige Begründung für diesen Zug sein. Denn selbst wenn Schwarz gar nichts tut, kann Weiß den Bauern nicht gewinnen wegen 3. Sf3xe5 Dd8-e7 4. Se5-f3 De7xe4+.

Solche Verdrehungen und Missverständnisse sollten vermieden werden! Der Sf3 greift den Be5 an, er droht, ihn zu schlagen, aber er droht damit noch lange nicht, ihn zu gewinnen. Wenn dies später doch geschieht, so ist das nur auf fehlerhaftes Spiel von Schwarz zurückzuführen. Die dem Zug 2. Sf3 zugrunde liegende Idee besteht vielmehr darin, die Zentrumsfelder d4 und e5 unter Feuer zu nehmen, wie wir bald noch näher sehen werden.

Auch im Schach ist es angebracht, mit dem Einfachsten zu beginnen und dann zu verwickelteren Zusammenhängen überzugehen. Hier ist das besonders leicht, weil wir im Schach drei verschiedene Elemente klar unterscheiden können.

Unser Spiel gründet sich auf gewisse mechanische Regeln, die jeder, ob er für Schach begabt ist oder nicht, leicht erlernen kann. Diese Regeln sind unabhängig von irgendeiner persönlichen Einstellung, unabhängig von der Mode oder einer Schule, sie stehen außerhalb jeder Diskussion. Der Meister muss sie ebenso befolgen wie der Anfänger.

Gemäß diesen Regeln erfolgen nun – und erst da kann man überhaupt von Schach sprechen – die eigentlichen Kampfhandlungen. Um sie zu verstehen, bedarf es keiner besonderen Gaben, denn sie laufen nach streng logischen Gesetzen ab. Aber im Schach, wie auch sonst im Leben, scheint die Logik besondere Schwierigkeiten zu bereiten.

Das Hauptfundament für unsere Schachspielkunst aber beruht auf der individuellen Begabung, Kombinationen zu entdecken sowie Merkmale und Inhalt einer Stellung vollständig zu erfassen. Das ist das Schwierigste beim Schach und findet sich in Perfektion nur bei den größten Meistern. Es handelt sich um eine natürliche Veranlagung, die kaum zu erlernen ist, die wir aber wecken und fördern können. Denn das Verständnis für eine Stellung, das Positionsgefühl, wurzelt in dem, was wir in den beiden ersten Punkten genannt haben. Wer die zugehörigen Gesetzmäßigkeiten wirklich erfasst hat, wird in der Lage sein, eine Stellung richtig einzuschätzen, vielleicht nicht in demselben hohen Maße wie der Meister, aber doch so weit, dass er sich gut verteidigen kann.

Kombinationen kann gewiss niemand finden, der nicht die Gabe dazu hat. Aber auch hier können wir helfen, indem wir auf die Bedingungen hinweisen, unter denen verschiedene Kombinationen möglich sind, und auf die Beziehungen zwischen den Kombinationen und den Stellungen aufmerksam machen, aus denen sie gewissermaßen erwachsen.

In diesem Buch, das sich an den Anfänger wendet, lassen wir die schwierigeren Dinge beiseite und beschränken uns auf die Hauptelemente, die man unbedingt beherrschen muss.

Beachte die Besonderheiten der Stellung!

Die folgende Kurzpartie soll keine Werbung für ausgefallene Eröffnungen sein.

Vielmehr möchten wir darauf hinweisen, dass die Entwicklung von Figuren zwar notwendig und gut ist, aber keinesfalls gedankenlos geschehen darf. Die Besonderheiten einer Stellung müssen stets beachtet werden.

1. e2-e4 a7-a6 2. d2-d4 b7-b5 3. Lc1-f4 Lc8-b7 4. Sb1-d2 Sg8-f6 5. Lf1-d3 e7-e6 6. Sg1-f3 c7-c5 7. e4-e5?! Sf6-d5

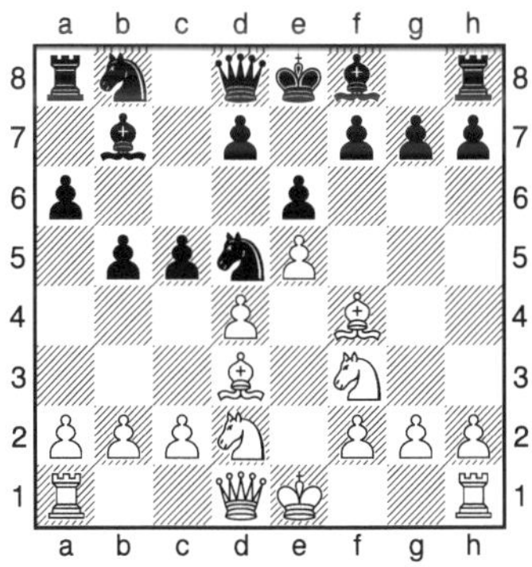

Stellung 6

8. Lf4-g3? c5-c4 9. Ld3-e4? c4-c3, und Schwarz gewann.

Wie ist das möglich? Weiß hat scheinbar alles richtig gemacht: Zentrum besetzt, Figuren entwickelt. Doch der Entwicklungsvorsprung und das Zentrum stellten einen nicht so großen Vorteil dar, wie man denken könnte. Weiß glaubte, dass in einer solchen Stellung ein Zug wie 7. e5, der zudem noch eine Figur (schwarzer Springer f6) angreift, kein Fehler sein kann. Mit 8. Lg3 wird der Leichtsinn fortgesetzt. Stattdessen hätte 8. Lg5 f6 zu Verwicklungen geführt. 9. Le4 verliert dann eine Figur, aber Weiß stand auch nach 9. Le2 schlechter.

Offensichtlich hat der Anziehende geglaubt, dass ihm bei einer gesunden Entwicklung der Steine nichts passieren könnte. Doch beachtete er hierbei nicht, dass der Nachziehende mit seiner ungewöhnlichen Aufstellung bereits zu Drohungen überging.

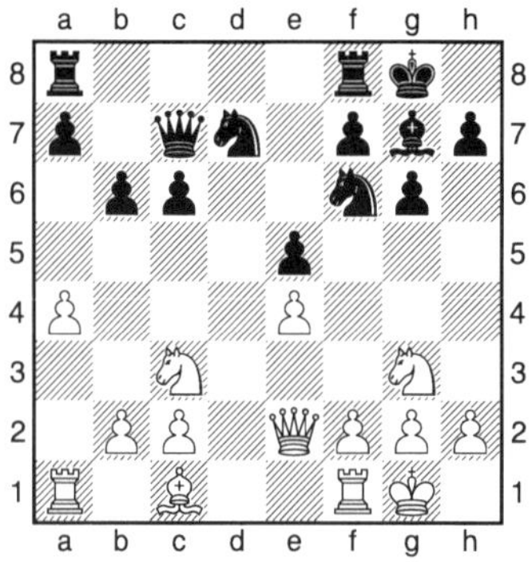

Stellung 7

Die Diagrammstellung macht einen harmlosen Eindruck, und der ist auch richtig. Wir wollen hier jedoch die Aufstellung und die Wirkungsweise einiger Figuren betrachten.

Die weißen Springer sind zwar entwickelt, aber wenn man genauer hinsieht, erkennt man, dass sie nur auf Punkte zielen, die fest in der Hand von Schwarz sind. Eine Umgruppierung wäre hier notwendig. Dagegen hat der Lc1 sein Ursprungsfeld noch nicht verlassen. Schablone wäre es, ihn möglichst schnell zu entwickeln. Er hat schon auf c1 eine freie Diagonale, und es ist schwer, seine Wirkung noch zu erhöhen. Der Ta1 bleibt zwar eingeschlossen, aber auf der a-Linie leistet er auch seinen Teil.

Im Zusammenhang mit der Kapitelüberschrift sollte man sich vor Augen führen, dass ein guter Teil unseres Schachverstandes auf Analogiedenken beruht. Das heißt, was in einer früher gesehenen oder gespielten Stellung gut war, sollte auch in einer sehr ähnlichen Position von Vorteil sein. Diese Vorgehensweise kann sich jedoch als sehr schädlich erweisen, wie folgendes Beispiel belegt.

In der Caro-Kann-Verteidigung gilt die Variante 1. e4 c6 2. d4 d5 3. Sc3 dxe4 4. Sxe4 Lf5 5. Sg3 Lg6 6. h4 h6 als Hauptvariante und gut spielbar. In der leicht geänderten Variante 1. e4 c6 2. Sc3 d5 3. Sf3 dxe4 4. Sxe4 Lf5 5. Sg3 Lg6 6. h4 h6 sieht die Sache ganz anders aus. Mit 7. Se5 Lh7 8. Lc4 e6 9. Dh5 g6 10. Df3 erhält Weiß klaren Vorteil. Schwarz muss daher auf Varianten zurückgreifen, die in der obigen Hauptvariante nicht möglich sind. Man sollte daher Analogieschlüsse nie schablonenhaft anwenden, sondern immer die Besonderheiten der Stellung beachten.

Alle Kampfhandlungen erfordern Kenntnis des Geländes!

Naturgemäß beginnen wir unser Schachstudium mit dem des Spielbrettes. Gewiss, es besteht aus 64 der Größe nach gleichen Feldern, aber ihrer Lage nach sind sie durchaus nicht gleichwertig. Den Feldern in der Mitte kommt eine viel größere Bedeutung zu als den Randfeldern. Das leuchtet sofort ein, wenn man bedenkt, dass eine Figur vom **Zentrum** aus in alle Richtungen wirken kann, während ihr Aktionsradius am Rande beschränkt ist. Weiter: von der Mitte aus kann man, sei es zum Angriff oder zur Verteidigung, jedes Randfeld in kürzester Zeit erreichen, während eine abseits stehende Figur bis zur anderen Brettseite einen weiten Weg zurückzulegen hat. Hat man z.B. seine Truppen auf dem Damenflügel konzentriert und der Gegner eröffnet einen heftigen Angriff auf den Königsflügel, so wird man die größten Probleme haben, rechtzeitig Verstärkungen zur Abwehr des Angriffs herbeizuholen.

Es ist nicht übertrieben, wenn wir sagen: Wer das Zentrum beherrscht, beherrscht das ganze Brett.

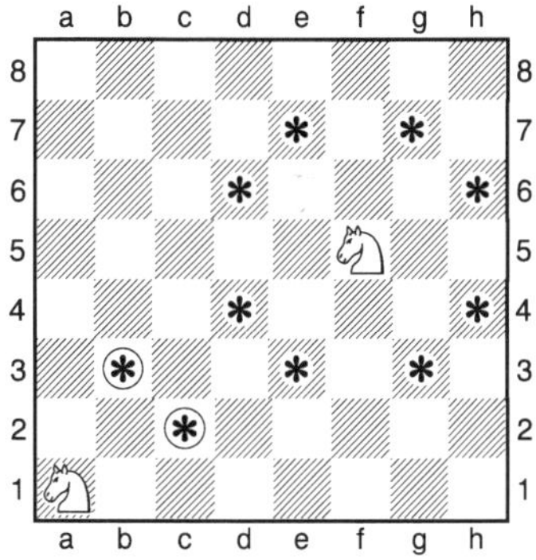

Stellung 8

Wie gesagt, eine Figur am Rande des Brettes ist in ihrer Wirkung begrenzt. Man setze etwa den Springer auf a1 und erkennt, dass er nur zwei Züge hat, nach b3 und c2, d.h. er beherrscht 2 Felder. Von b2 aus kann er 4 Züge tun, nach a4, c4, d3 und d1; von c2 aus hat er schon 6 Möglichkeiten, nämlich a1, a3, b4, d4, e3, e1. Steht er aber auf einem Feld in der Mitte, so beherrscht er 8 Felder. Wir erkennen, dass der Springer umso stärker ist, je näher er der Mitte steht. Dasselbe gilt für alle Figuren, so dass der Spieler, dessen Figuren das Zentrum beherrschen, dem Gegner gegenüber im Vorteil ist. Hieraus folgt unmittelbar, dass die Stärke einer Figur wesentlich von ihrer Stellung abhängt. Die üblicherweise angenommenen gegenseitigen Äquivalente (Dame gleich 10, Turm gleich 5, Läufer oder Springer gleich 3 Bauern usw.) stellen daher nur Durchschnittswerte dar.

„Heute wird die Dame im Allgemeinen mit 9 Punkten bewertet. Darüber hinaus meinen wir, dass auch der Turm etwas zu hoch bewertet wird und besser 4,5 Punkte haben sollte." (Knaak/Vogt)

Tatsächlich schwankt die Bedeutung einer jeden Figur dauernd, und die wahren Werte richtig einzuschätzen, macht die Beurteilung der Position aus. Später werden wir noch genauer sehen, von welchen Faktoren die Stärke der verschiedenen Figuren abhängt. Vorerst genügt uns die Merkregel, dass sie stärker werden, wenn sie sich dem Zentrum nähern. Daher muss unser Augenmerk darauf gerichtet sein, unsere Figuren auf das Zentrum hin zu konzentrieren.

Hiermit ist die in der Eröffnung zu befolgende Taktik klar vorgezeichnet: Vorrücken der Mittelbauern und Besetzung oder wenigstens Beherrschung der Zentrumsfelder durch die eigenen Figuren.

Überlasse dem Gegner nicht das Zentrum!

Man wird nun hoffentlich nicht mehr fragen, wie es viele Anfänger tun, warum der erste Zug nicht a4 oder h4 sein soll, und ob, wenn man doch einen Randbauern gezogen hat, die Stellung schon absolut verloren ist. Es ist nicht ersichtlich, wie der Gegner den Gewinn erzwingen könnte, aber ein solcher erster Zug hat keinen Zweck! Wenn der Gegner letztlich die Partie gewinnt, weil er seine Figuren zentral entwickelt hat, wobei sie kontinuierlich an Stärke zunehmen, so darf man sich nicht wundern, wenn man dafür bestraft wird, nicht die gleiche Taktik verfolgt zu haben.

Die überragende Bedeutung der Beherrschung des Zentrums tritt in den so genannten hypermodernen Eröffnungen hervor, speziell in der Fianchetto-Entwicklung der Läufer, die unter diesem Gesichtspunkt erfolgt. Ein auf b2 oder g2 bzw. b7 oder g7 postierter Läufer bestreicht die große, durch das Zentrum verlaufende Diagonale. Aufgrund seiner Fernwirkung unterstützt er die Besitznahme des Zentrums und macht dieses dem Gegner streitig.

Man beachte, dass es nicht immer nötig ist, zur Beherrschung des Zentrums dort auch wirklich Figuren zu postieren. Es genügt vielmehr, dass die Zentrumsfelder in den Wirkungslinien der eigenen Figuren liegen, und zwar in dem Maße, dass der Gegner dort keine Figuren platzieren kann. Besetzt man voreilig und ohne genügende Vorbereitung Zentrumsfelder, so läuft man allzu leicht Gefahr, dass

Figuren abgetauscht oder gar unter signifikantem Zeitverlust zurückgetrieben werden. Eine einleitende Vorbereitung ist daher ratsam, und gerade die Flanken-Entwicklung der Läufer, die in Richtung Zentrum zielen, ist dazu wohl geeignet.

Rochiere rechtzeitig!

Eine der häufigen Sünden in der Schachpartie ist die Vernachlässigung der Gesamtentwicklung. Dazu gehört auch die Rochade, die es dem König gestattet, sich aus der zentralen Hauptkampfzone in einen besser geschützten Bereich zurückzuziehen. Gleichzeitig wird die Verbindung der Schwerfiguren (Türme) hergestellt und damit eine bessere Einsatzbereitschaft der Streitkräfte erreicht.

Geblendet von einer schnellen Initiative, passiert es oft, dass die Entwicklung eines Flügels unterbleibt, der andere Flügel durch die Initiative aber entblößt ist. Wohin dann mit dem König, der im Zentrum großen Gefahren ausgesetzt ist, aber keinen sicheren Ort mehr findet?

Gerade in modernen Theorievarianten, wo eine dynamische Eröffnungsbehandlung überwiegt, wird die Rochade häufig zurückgestellt. Der Zeitpunkt ihrer Ausführung darf aber nicht verpasst werden, da dies gravierende Folgen nach sich zieht. Deshalb finden sich unter den Opfern, nicht einmal so selten, auch Großmeister der Weltklasse. Kiebitzen wir einmal bei der Partie **Kasparow – Salow,** Barcelona 1989:

1. Sg1-f3 Sg8-f6 2. c2-c4 b7-b6 3. Sb1-c3 c7-c5 4. e2-e4 d7-d6 5. d2-d4 c5xd4 6. Sf3xd4 Lc8-b7 7. Dd1-e2 Sb8-d7 8. g2-g3 Ta8-c8?!

Eine Entwicklung mit e6, Le7, 0-0 sollte angestrebt werden.

9. Lf1-g2 a7-a6 10. 0-0 Dd8-c7?! Noch immer war e6 gefolgt von schneller Rochade der richtige Plan.
11. b2-b3 e7-e6 12. Sc3-d5!

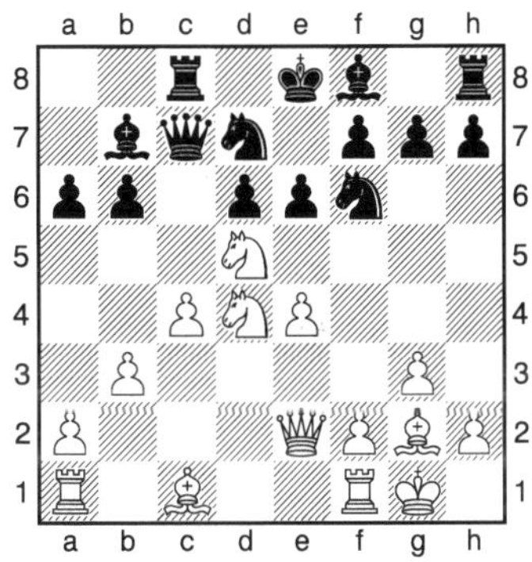

Stellung 9

Der Weltmeister schätzt seine praktischen Chancen hoch genug ein, durch dieses Opferangebot den schwarzen König zu erobern. Immerhin war die Angelegenheit nach 12... exd5 13. exd5+ Kd8 14. Lb2 nicht so klar, aber Salow lehnte dankend ab.

12... Dc7-b8 13. Tf1-d1 g7-g6 14. Lc1-g5 Lf8-g7

An dieser Stelle war 14... exd5 schon chancenlos wegen 15. exd5+ Le7 16. Sc6 Lxc6 17. dxc6 Se5 18. f4 h6 19. fxe5 dxe5 20. Le3 und der Angriff wird übermächtig.

15. Lg5xf6 Sd7xf6

Auch die folgende Nebenvariante zeigt, auf welch wackligen Füßen der König im Zentrum steht: 15... Lxf6 16. Sxf6+ Sxf6 17. e5! dxe5 18. Lxb7 Dxb7 19. Dxe5 Ke7 (19... De7 20. Sc6!!) 20. Sxe6 fxe6 21. Td6 oder 17... Lxg2 18. exf6 Lh3 19. De3 Db7 20. f3.

In der Partie geschah 16. Sd5xb6 Tc8-d8?.

Etwas besser scheint 16... Tc5 zu sein, wie der Partieverlauf zeigt.

17. e4-e5 Lb7xg2

Auch nach 17... dxe5 18. Sc6 Lxc6 19. Lxc6+ Ke7 20. c5 Dc7 21. Dxa6 Txd1+ 22. Txd1 Dxc6 23. Da7+ Ke8 24. Sc4 bzw. 21... Dxc6 22. Da7+ Sd7 23. Td6 ist der Angriff durchschlagend.

18. e5xf6 Lg7xf6 19. Sd4xe6!

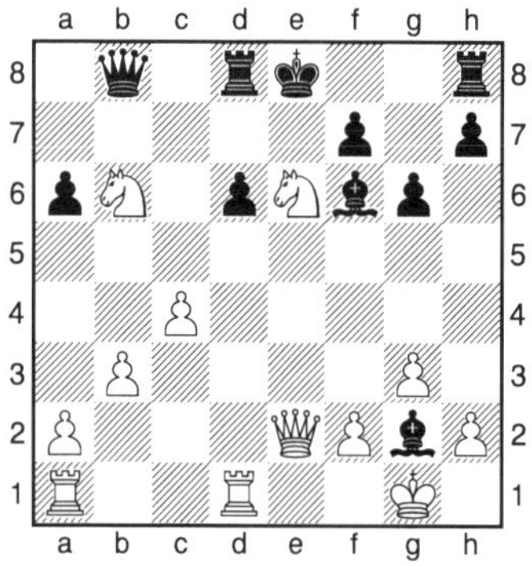

Stellung 10

Diesmal kann sich Salow dem weißen Figurenopfer nicht mehr entziehen. Es muss angenommen werden, und somit verbringt der schwarze König auch seine letzten Tage im Zentrum.

19... f7xe6 20. De2xe6+ Lf6-e7 21. c4-c5! Lg2-b7 22. Td1-e1 Db8-c7 23. c5-c6! Lb7xc6 24. Ta1-c1

Die Drohung 25. Txc6 zwingt Schwarz zur Rückgabe wichtigen Materials.

24... Td8-d7 25. Sb6xd7 Dc7xd7 26. De6-c4

Auch 26. Dxe7+ führt zu einer Gewinnstellung. Kasparow sucht den schnelleren Weg.

26... Lc6-b7

Nach 26... Lb5 27. Dc8+ gewinnt Weiß einfacher.

27. Dc4-c7 Th8-f8

Der letzte Trick. 27... Ld5 28. Db8+ Kf7 29. Dxh8 Dh3 klappt wegen 30. Txe7+ Kxe7 31. Tc7+ Ke6 32. Dc8+ nicht.

28. Dc7-b8+ Ke8-f7 29. Tc1-c7!

Schwarz gab auf, da entscheidender Materialverlust nicht zu vermeiden ist.

Ein weiteres Partiebeispiel von Spitzengroßmeistern bestätigt, dass auch in diesen Regionen die fehlende Rochade Ausgangspunkt für Kurzpartien sein kann.

In der Partie **Tal – Timman,** Reykjavik 1988, entstand die folgende Stellung

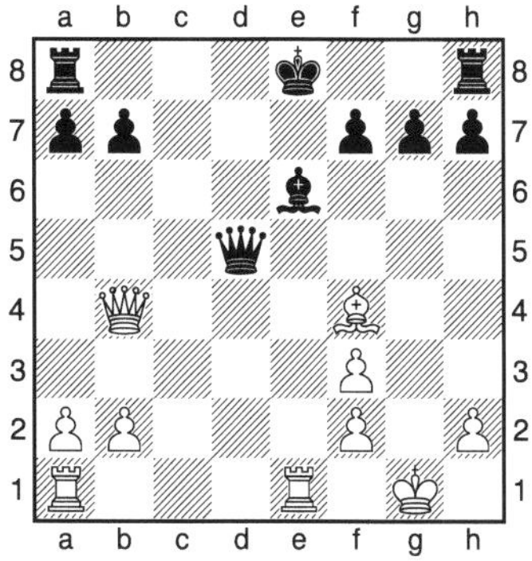

Stellung 11

nach den Zügen 1. Sf3 Sf6 2. c4 c5 3. Sc3 Sc6 4. e3 e6 5. d4 d5 6. cxd5 exd5 7. Le2 cxd4 8. exd4 Se4 9. 0-0 Lb4 10. Sxe4 dxe4 11. d5 exf3 12. Lxf3 Se5 13. Da4+ Dd7 14. Dxb4 Sxf3+ 15. gxf3 Dxd5 16. Lf4 Le6 17. Tfxe1.

Nun musste Schwarz mit 17... Tc8 fortsetzen und hätte nach 18. Tad1 Dc5 19. Dxb7 0-0 oder 18. Tac1 Txc1 19. Txc1 a5! 20. Da3 b5 21. Tc7 b4 22. Da4+ Ld7 optimistisch in die Zukunft schauen können.

Timman hingegen entschied sich für 17... a7-a5? und konnte nach 18. Db4-a3 Ta8-c8 19. Ta1-d1 Dd5-c5 20. Td1-c1! bereits die Waffen strecken. 20... Dxa3 21. Txc8+ Kd7 22. Tc7+ verliert einen Turm.

Der Unterschied zwischen der Partiefortsetzung und der empfohlenen Variante wird beim Vergleich schnell deutlich. Die weiße Dame ist auf a3 gedeckt und auf dem Feld b4 ungeschützt.

Gegen den Aufenthalt des Königs im Zentrum spricht auch das folgende hübsche Mattmotiv, welches in verschiedensten Variationen schon unzählige Male „auf den Brettern, die uns die Welt bedeuten“, zu finden war.

Aus diesen Fehlern sollte man lernen und seinem König stets den größtmöglichen Schutz angedeihen lassen: die Rochade!

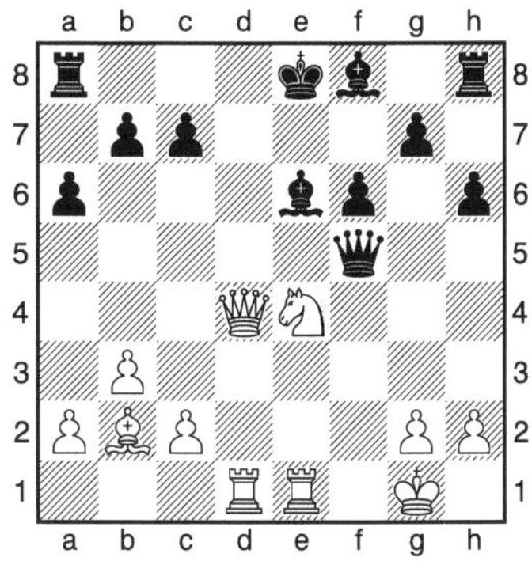

Stellung 12

Konsequent nutzte der Anziehende in der Partie **Borissenko – Naimowski,** UdSSR 1968, seinen enormen Entwicklungsvorsprung:

1. Dd4-d7+ Le6xd7 2. Se4-d6++ Ke8-d8 3. Sd6-f7+ Kd8-c8 4. Tc1-c8+ Ld7xe8 5. Td1-d8#

Gib keine offenen Linien auf, sondern besetze sie selbst!

Die Felder in einer vertikalen Geraden bilden eine Linie, die horizontalen Geraden nennen wir Reihen, und daneben haben wir noch die Diagonalen.

Es leuchtet ein, dass jede dieser „Linien" umso bedeutsamer ist, je länger sie ist. Am allerwichtigsten aber sind diejenigen, die durch das Zentrum verlaufen. Diese mit eigenen Figuren zu besetzen ist daher besonders geboten. Weder ein Bauer noch ein Springer kann eine solche Linie beherrschen. Denn der Bauer deckt nur zwei Felder ab, der Springer beherrscht zwar acht, aber doch nur stets zwei auf einer Reihe, Linie oder Diagonale. Anders ist es beim Turm oder Läufer und natürlich bei der Dame. Und es ist sehr wichtig, dass man sich für die Türme und Läufer Operationslinien verschafft.

Selbstverständlich müssen solche Linien offen sein. Denn wenn z.B. ein Läufer auf einer Diagonale steht, die durch Figuren besetzt oder gar durch unbewegliche Bauern blockiert ist, so ist seine Wirkung sehr gering, zumindest so lange, wie diese Hindernisse nicht beseitigt sind. Gleiches gilt für die Turmlinien.

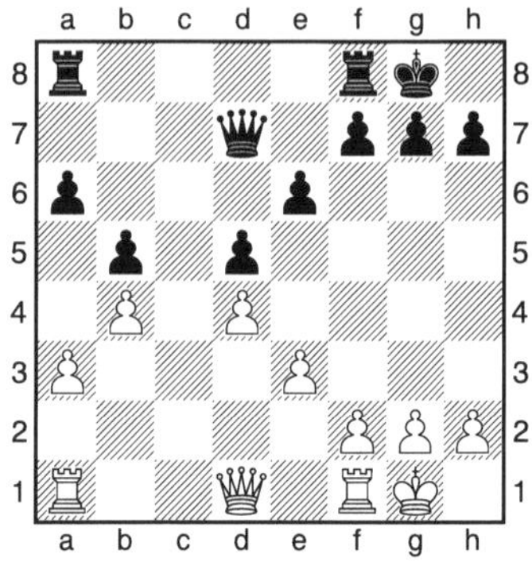

Stellung 13

In Stellung 13 ist die c-Linie als einzige offen. *Mit 1.Tc1 Tc8 2.Tc5! und anschließendem Dc2 und Tc1 wird die c-Linie von Weiß erobert oder Schwarz zum Schlagen auf c5 gezwungen, was aber dort einen Freibauern entstehen ließe." (Knaak/Vogt)*

Die Bedeutung offener Linien für Läufer und Türme ist also klar. Wenn etwa beide Gegner nur einen Turm haben, so ist der Turm stärker, der auf einer freien Linie steht. Ist das beiderseits der Fall, so wird der Turm stärker sein, der eine mittlere Linie beherrscht. Man versteht nun, warum Spieler oft verzweifelt um den Besitz der Mittellinien und Mitteldiagonalen kämpfen, verstärken sie eben damit die Kraft ihrer Figuren.

Wenn sich eine Kombination bietet, die zum klaren Gewinn führt, so braucht man derlei Dinge natürlich nicht zu bedenken, ebenso wenig wie man nie ein Matt versäumen wird, um zuvor noch einen Bauern zu erobern. Wenn jedoch kein klarer und zwingender Gewinn zu sehen ist, dann muss man in jeder Weise darauf bedacht sein, die Wirkungsweise seiner Figuren, d.h. deren Position, zu verstärken. Und das gelingt am besten, wenn man möglichst viele Felder des Brettes dominiert.

Schon diese einfache Untersuchung des Brettes hat uns zu einigen sehr wichtigen Folgerungen geführt, die tatsächlich auch die Grundlage aller Schachstrategie bilden. Und man muss zugeben, dass wir durch sehr einfache Überlegungen dazu gekommen sind, dass man sie ohne besondere Schachbegabung leicht verstehen kann. Es wird nun nicht mehr so schwierig sein, bei einer Partiestellung zu entscheiden, wer im Vorteil ist, denn die Überlegenheit einer Stellung hängt von der Stellung aller beteiligten Figuren ab.

Vermeide schwache Punkte, die der Gegner besetzen kann!

Wir wissen, dass die einzelnen Steine verschieden stark sind, wobei der schwächste von allen der Bauer ist. Und doch kann diese große Schwäche mitunter eine große Stärke sein. Denn wenn der Bauer eine Figur angreift, muss diese weichen, da der Tausch einer Figur gegen einen Bauern ein schlechtes Geschäft bedeutet.

Wenn man daher eine Figur auf ein Feld stellt, das von einem feindlichen Bauern angegriffen werden kann, so ist ihr Platz dort keineswegs gesichert, und man kann nicht behaupten, das Feld wirklich zu besitzen. Man ist gewissermaßen nur vorübergehend geduldet. Ein Feld kann erst dann als eigenes bezeichnet werden, wenn es nicht von einem feindlichen Bauern angegriffen werden kann. Ist dies jedoch möglich, so ist das Feld schwach und bildet eine Gefahrenquelle für den betreffenden Spieler. Umgekehrt wird es leicht zu einem starken Punkt für den Gegner.

Wenn man einen derart schwachen Punkt im feindlichen Lager entdeckt, muss man danach trachten, ihn durch eine Figur oder einen Bauern zu besetzen. Je näher man dabei an die Grundlinie des Gegners vorrückt, umso gefährlicher wird es für ihn sein.

Der große Steinitz pflegte zu sagen, wenn er sich mit einem Springer auf d6 oder e6 einnisten könne, so dürfe er getrost schlafen gehen, das Spiel gewänne sich von alleine. Aber auch auf der 5. Reihe, etwa von e5 aus, bedroht ein Springer gleichzeitig vier wichtige Felder des Gegners, nämlich c6, d7, f7, g6, und beeinträchtigt so die Beweglichkeit seiner Figuren. Ein bis nach e6 vorgedrungener Bauer bedroht aber nicht nur die Felder d7 und f7, sondern er spaltet die gegnerische Stellung mit oft verheerender Wirkung geradezu in zwei Teile.

Die Bauernformation bildet sozusagen das Gerippe der Position. Da die Bauern sich nur vorwärts bewegen können, werden bei ihrem Vorrücken die dahinter oder daneben liegenden Felder schwach, denn sie können nicht mehr von Bauern gedeckt werden. Wir nennen ein solches Feld, das nicht mehr durch einen Bauern verteidigt werden kann, ein „Loch". So ist z.B. bei der Bauernstellung h3, g2, f3 das Feld g3 ein Loch. Auf solche Löcher muss man ganz besonders achten und sie, wenn irgend möglich, durch Figuren besetzen.

Hiernach versteht man leicht, inwiefern ein prinzipiell wichtiges Feld, etwa c5, je nach der Stellung der Figuren weniger stark oder gar schwach sein kann. Letzteres ist der Fall, wenn eine Figur auf diesem Feld geringere Wirkung hat als sie an anderer Stelle hätte, oder wenn ihr dort die Verbindung mit den übrigen Figuren fehlt. Das spricht durchaus nicht gegen unsere Theorie, sondern ist nur ein Zeichen dafür, dass man in diesem Fall die Figur unüberlegt dorthin gesetzt hat.

Schütze die schwachen Punkte f7 und f2!

Nach der Regelkunde und den Erläuterungen zur Wertigkeit der Figuren wird dem Anfänger auch bald das „Schäfermatt" gezeigt, wo Dame und Läufer das Feld f7 (f2) bedrohen und den gegnerischen König daselbst mattsetzen. Das hat seinen Grund, denn diese beiden Felder (f7 und f2) werden in der Ausgangsstellung nur vom König gedeckt und sind deshalb anfällig.

Nach der kurzen Rochade übernimmt der Turm eine zusätzliche Schutzfunktion. Da dieser im weiteren Partieverlauf besser in eine offene oder halboffene Linie geführt wird und somit die Kontrolle dieser kritischen Punkte aufgibt, muss in fast jedem Partiestadium den Feldern f7 und f2 große Aufmerksamkeit gewidmet werden. An einigen Beispielen werden wir die verheerenden Folgen erkennen, sollte dieser Appell unbeachtet bleiben.

Nach einem schwerwiegenden Eröffnungsfehler war es in der Partie **Fischer – Reshevsky**, USA-Meisterschaft 1958/59, zu folgender Stellung gekommen, in der Weiß die ungeschützte schwarze Dame als Kombinationsmotiv für seinen Einschlag auf f7 nutzte:

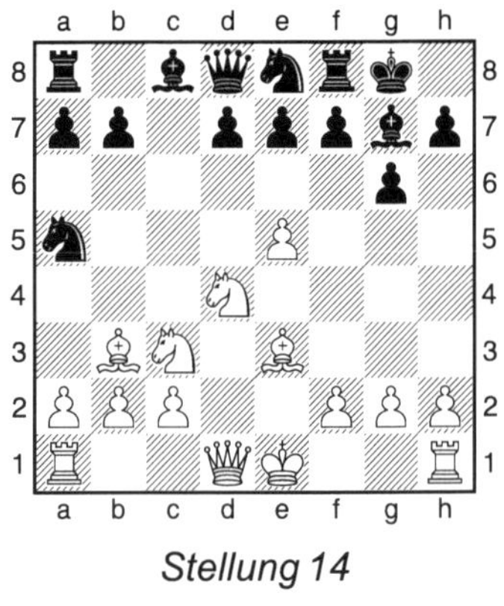

Stellung 14

1. Lb3xf7+!!

Der Läufer muss geschlagen werden, da Se6 mit Damengewinn droht. So entschied sich der Nachziehende für 1... Kg8xf7 2. Sd4-e6! d7xe6 3. Dd1xd8 und zog die Partie in die Länge, ohne an der letztendlichen Niederlage etwas ändern zu können.

2... Kxe6 3. Dd5+ Kf5 4. g4+ Kxg4 5. Tg1+ Kh4 6. Lg5+ Kh5 7. Dd1+ Tf3 8. Dxf3# wäre ein attraktiver Schluss gewesen.

In der Partie **Steudtmann – Bönsch**, DDR-Oberliga 1985, konnte Schwarz ebenfalls problemlos die Folgen seines Opfers auf f2 berechnen.

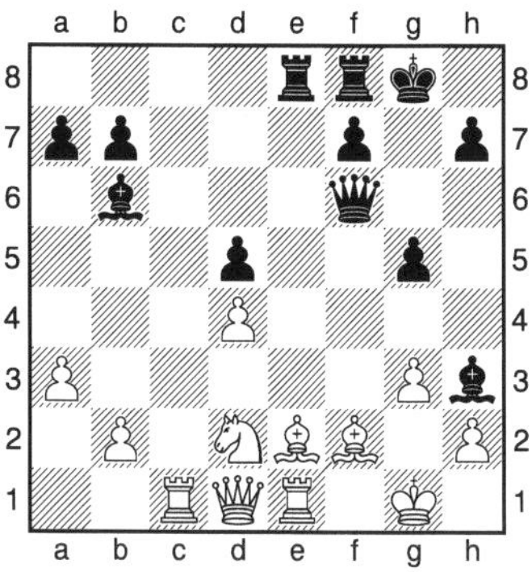

Stellung 15

Das Damenopfer 1... Df6xf2+ führte umgehend zum Matt: 2. Kg1xf2 Lb6xd4+ 3. Kf2-f3 Te8-e3+ 4. Kf3-f2 Te3-d3#.

Schwieriger ist unser letztes Beispiel aus der Partie **Smirin – Beljawski**, UdSSR- Meisterschaft 1989, in der Schwarz einiges Material investieren muss, um den weißen König im Mattangriff zu erlegen. Die Angriffsführung von Beljawski beeindruckt!

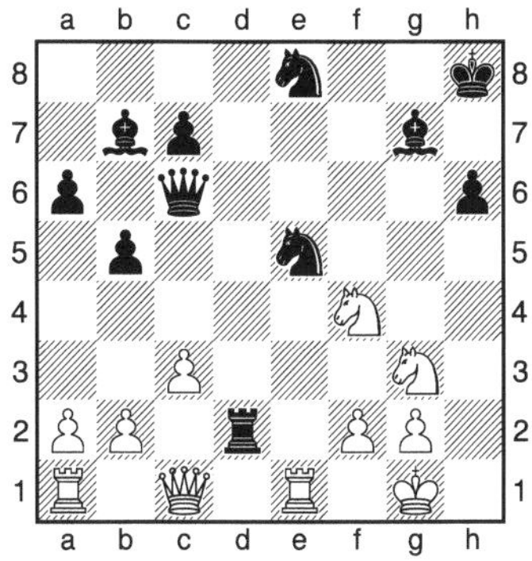

Stellung 16

Wiederum ist es die Schwäche des Feldes f2, die den König zwingt, aus seinem geschützten Heim ins Freie zu wandern, was er allerdings nicht unbeschadet überstehen sollte:

1... Td2xf2! 2. Kg1xf2 Se5-d3+!

Diese Springergabel lenkt den Verteidiger des Feldes g2 ab.

3. Sf4xd3 Dc6xg2+ 4. Kf2-e3 Se8-d6

Das ist einer der schwierigen stillen Züge, die bei diesem Schlussspiel das „Salz in der Suppe“ sind.

5. Te1-f1 Sd6-c4+ 6. Ke3-f4 Dg2-d5

Es droht 7... Dg5#.

7. Kf4-g4 Lb7-c8+ 8. Kg4-h4 Dd5-d8+ 9. Kh4-h5 Dd8-e8+ 10. Kh5-h4 De8-e7+ 11. Kh4-h5 Sc4-e3

Die Drohungen 12... Lg4 bzw. 12... Dg5 veranlassten Weiß zur berechtigten Kapitulation.

Kalkuliere die Möglichkeit eines Einschlags auf h7 bzw. h2 ein!

Bekanntlich ist es wichtig, nach der Entwicklung der Leichtfiguren den König mittels Rochade schnell in Sicherheit zu bringen. Das hat auch den Vorteil, dass die Verbindung der Schwerfiguren hergestellt und damit ein günstiges Zusammenspiel der Figuren ermöglicht wird.

Naturgemäß finden sich schwache Punkte in dieser königlichen Sicherheitszone, insbesondere wenn den Leichtfiguren, die unter anderem den Schutz der schwachen Felder übernommen haben, Aufgaben in anderen Bereichen des Bretts zufallen. Es gibt eine endlose Reihe von Partiebeispielen, wo nach der kurzen Rochade ein falscher Plan den Bauern h7 (h2) so geschwächt hat, dass er zum entscheidenden Angriffsobjekt avanciert. Häufig opfert sich der Läufer auf h7 (h2), jedoch treten in der Praxis sämtliche Figuren in dieser Rolle auf. Zwei Beispiele werden den Blick für das Opfer schulen und uns die Angriffsmöglichkeiten aufzeigen.

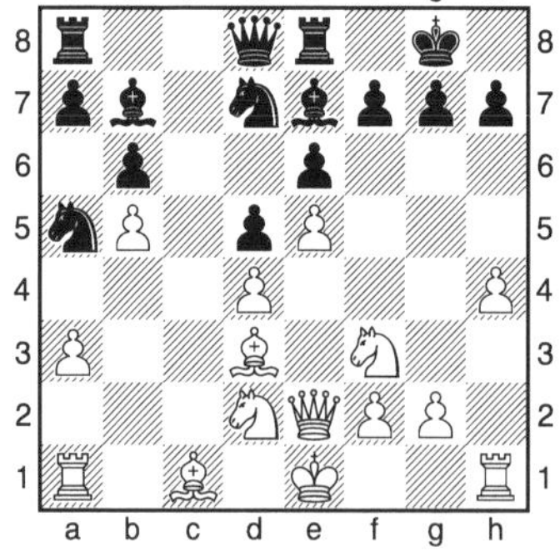

Stellung 17

In der Partie **Giffard – S. Nikolić**, Bagneux 1979, ist eine Position entstanden, in der die weißen Figuren drohend den schwarzen König anvisieren. Dagegen sind die schwarzen Steine, vor allem der Läufer auf b7, wirkungslos postiert. Schwarz hatte den Zeitpunkt verpasst, den Springer nach f8 zu ziehen, um das Feld h7 zu sichern.

Die Kontrolle des Feldes g5, die im Normalfall zur Verteidigung ausreicht, erweist sich als ungenügend, da ein Schlagen auf g5 vernichtend die h-Linie öffnen würde. Ein klassisches Läuferopfer auf h7 ist die Folge:

1. Ld3xh7+ Kg8xh7 2. Sf3-g5+ Kh7-g8 Der König muss sich zurückziehen, da 2... Kg6 3. h5+ Kxg5 4. Se4++ Kf5 5. Df3# schneller zum Ende führt.

3. De2-h5 Le7xg5 4. h4xg5 Kg8-f8 5. a3-a4

Jetzt greift der andere Läufer ins Kampfgeschehen ein und verhindert, dass der schwarze König entwischt.

5... Dd8-c7 6. Lc1-a3+ Sd7-c5 7. Dh5-h8+ Kf8-e7 8. Dh8xg7 Te8-g8 9. d4xc5! Tg8xg7 10. c5-c6+, und Schwarz verhinderte das Grundlinienmatt durch die Kapitulation.

Ein seltener Fall ist ein Damenopfer auf h7 (h2), da normalerweise die Dame als stärkste Figur entscheidend am Angriff beteiligt ist. Zu diesem spektakulären Ereignis hätte es in der Partie **Vidmar – Teichmann**, Karlsbad 1907, kommen können.

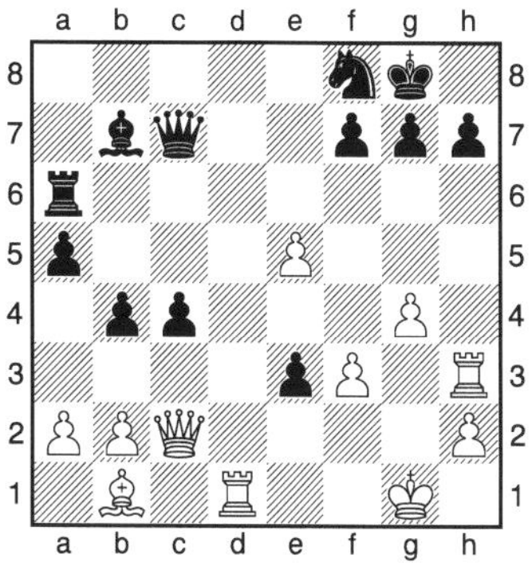

Stellung 18

In der Diagrammstellung folgte 1... Tg6 und Schwarz verlor.

Tarrasch, der diese Partie in seiner Schachspalte des *Berliner Lokalanzeiger* analysierte, meinte dazu: „Natürlich ist der Turmzug (Ta6-g6) ganz verfehlt. Schwarz musste stattdessen einfach den Bauern schlagen und hätte damit immer ein überlegenes Spiel behauptet.“

Schade, dass Teichmann diese Meinung nicht teilte und der folgende herrliche Schluss nicht auf dem Brett erschien: 1... Dc7xe5? 2. Dc2xh7+!! Sf8xh7 3. Td1-d8+ Sh7-f8 4. Th3-h8+ Kg8xh8 5. Td8xf8#.

Nicht immer sind Opferwendungen auf h7 (h2) so genau zu berechnen wie im zweiten Beispiel. Oft gehört Intuition und die Überzeugung von der Richtigkeit des Opfers dazu, da viele Varianten die Berechnung erschweren. Wird der gegnerische König auf eine lange Reise geschickt und sind genug Angriffsfiguren am Kampfgeschehen beteiligt, ist das Opfer meist von Erfolg gekrönt. Die Verteidigung sollte also vor dem Einschlag konsequent geführt werden.

Einzelbauern, isolierte Doppel- und Tripelbauern können die Stellung entscheidend schwächen!

Meist ist die hier zur Diskussion stehende Bauernstruktur als Schwachpunkt in der Stellung einzuschätzen. Diese Bauern können nicht von einem eigenen Bauern gedeckt werden und neigen daher zur Schwäche.

Dem Feld direkt vor dem Einzel-, Doppel- oder Tripelbauern, dem so genannten Blockadefeld, kommt bei der Einschätzung eine große Bedeutung zu. Liegt die Kontrolle des Blockadefeldes in der Hand des Gegners und ist der Bauer somit am Vormarsch gehindert, kann er oft dem anwachsenden Druck nicht standhalten und wird erobert. Vor allem im Endspiel steht die Verteidigung durch die Reduzierung der Figuren vor ernsten Problemen.

Kann der Bauer vormarschieren und wird von seinen Figuren unterstützt, ist er im Ausnahmefall stark. Auch erfreuen sich Eröffnungssysteme, z.B. das Tarraschsystem der Französischen Verteidigung, einiger Beliebtheit, da der Einzelbauer (Isolani) durch das freie Figurenspiel Kompensation erfährt. Jedoch ist das nicht die Regel, und wir sollten gegenüber diesen Bauern eine gesunde Skepsis an den Tag legen.

Je ein Beispiel zum Isolani bzw. isolierten Doppel- und Tripelbauern verdeutlicht die strukturellen Schwächen. In einer populären Variante, wo der Übergang zum Endspiel recht schnell erfolgt, kam es bei **Jussupow – Spraggett**, Quebec 1989, zur folgenden Diagrammstellung:

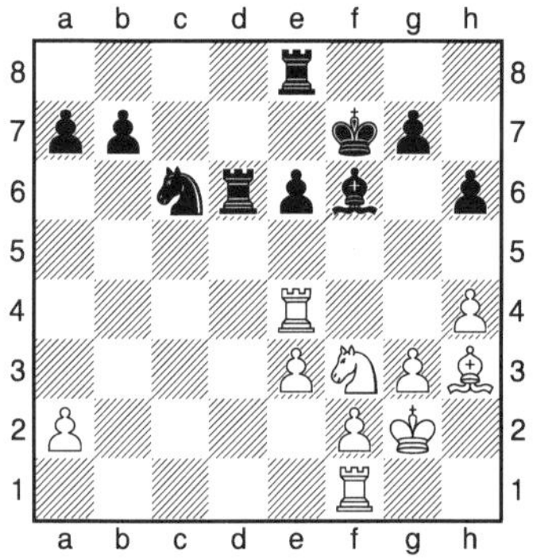

Stellung 19

Die Anfälligkeit des Bauern e6 ist erkennbar, aber noch nicht auszunutzen, da die Verteidigung hinreichend ist. Der Bauer könnte auch noch einen Schritt nach vorn wagen, würde dann jedoch die weißen Felder entscheidend schwächen.

1. Tf1-c1

Der Turm soll nach c2 überführt werden, was Sd2-c4 oder auch f4 ermöglicht.

1... Te8-e7 2. Tc1-c2 b7-b6?

Da der Springer einen Stützpunkt verliert, ist dieser Bauernzug zu tadeln.

3. Te4-f4 Schon droht 4. Txc6 und 5. Se5+.

3... Kf7-g6 4. g3-g4 Lf6-a1

Dem Nachziehenden konnte 4... Se5? wegen 5. g5 hxg5 6. hxg5 Sd3 7. gxf6 Sxf4+ 8. exf4 gxf6 9. f5+ nicht gefallen.

5. Tc2-c1 La1-b2 6. Tc1-c2

Hier ging es wohl um Zeitgewinn.

6... Lb2-a1 7. a2-a4 Sc6-e5 8. Sf3xe5 La1xe5 9. Tf4-f8 Td6-d7 10. f2-f4

Weiß hat einen gefährlichen Angriff.

10... Td7-c7 11. Tc2-d2 Le5-c3 12. Td2-d6 Kg6-h7

Die Drohung f5+ veranlasste Schwarz zu diesem Zug.

13. g4-g5 h6xg5 14. h4xg5 Lc3-b4

Da der schwarze Turm auf f8 hängt, ist 15. Txe6?? noch nicht möglich. Weiß entschied sich für 15. Td6-d8 und gewann einige Züge später, konnte aber mit 15. g6+!! Kh6 16. Lf5 oder 15... Kxg6 16. Lf5+ Kh6 17. Th8# spektakulär gewinnen.

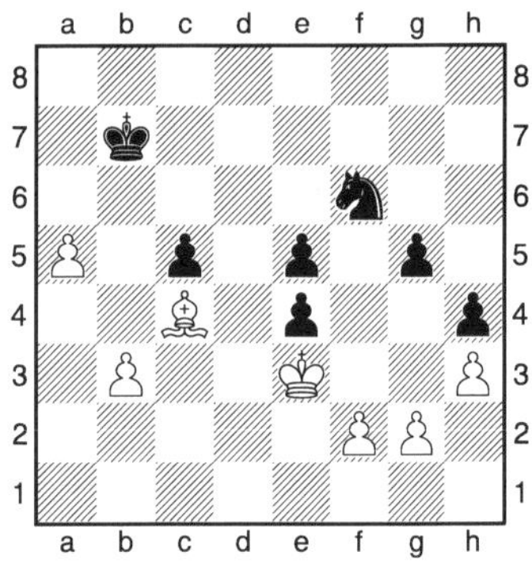

Stellung 20

Nach einem interessanten Kampf war in der Partie **Fischer – Tan Cardoso,** Portoroz 1958, dieses Endspiel entstanden.

Die Schwäche des isolierten Doppelbauern mit dem gegnerischen Blockade-König ist unverkennbar. Weiß kann den Bauern e4 aber nicht einfach erobern, da sonst der schwarze König über a6 eindringt. Fischers exzellente Technik verhilft zu einem schönen Sieg:

1. Ke3-d2 Kb7-c7 2. g2-g4

Der Königsflügel wird blockiert.

2... Kc7-c6 3. Kd2-c3 Sf6-e8 4. b3-b4 Se8-d6 5. Lc4-f1 c5xb4+ 6. Kc3xb4 Sd6-c8 7. Lf1-g2 Kc6-d5

Nach 7... Sd6 8. a6 Kb6 9. a7 Kxa7 10. Kc5 dringt der weiße König in die schwarze Stellung ein und erobert alle Bauern.

8. a5-a6 Sc8-a7 9. Kb4-a5 Kd5-c5

Da 10. Kb6 drohte und 9... Sc8 mit 10. Kb5 beantwortet wird, muss einer der Doppelbauern bereits aufgegeben werden.

10. Lg2xe4 Sa7-b5 11. Le4-g2 Sb5-a7 12. Ka5-a4 Der weiße König hat seine Aufgabe erfüllt und kann den Rückzug antreten.

12... Sa7-b5 13. Ka4-b3 Kc5-b6 14. Kb3-c4 Kb6xa6 15. Kc4-d5, und Weiß gewann schnell.

Tripelbauern ergeben immer ein eigenartiges Bild, sie treten natürlich nicht so häufig in Erscheinung wie ihre Einzel- oder Doppelausgabe.

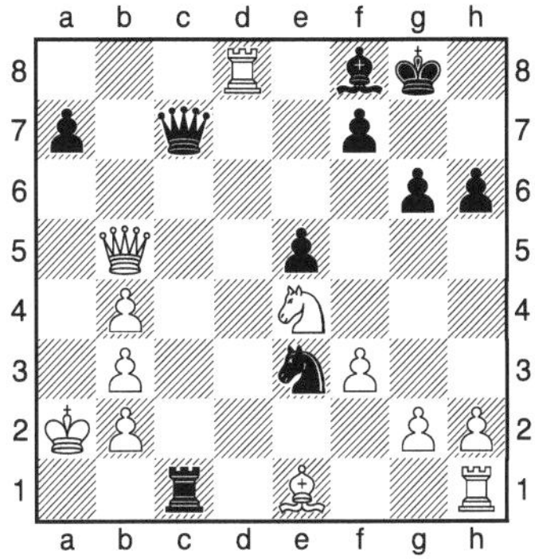

Stellung 21

In der Partie **Vogt – Pribyl**, Schacholympiade Skopje 1972, fungierten die Tripelbauern als Gefängnis für den weißen König, aus dem es kein Entrinnen geben sollte. Die Zeitnot verhinderte, dass der Nachziehende genaue Berechnungen anstellen konnte, und er verlor sogar später die Partie.

Mit 1... Sc2!! konnte er wunderschön gewinnen, da die Bauern dem weißen König kein Luftloch gestatten. Erfreuen wir uns an den Varianten: 2. Sf6+ Kg7 3. Se8+ Kh8 4. Lc3 Txh1 5. Lxe5+ f6 6. Lxf6+ Kh7 7. Td7+ Le7 8. Txe7+ Dxe7 9. Lxe7 Ta1# oder 2. Txf8+ Kxf8 3. Ld2 Txh1 4. Lxh6+ Ke7 5. Lg5+ f6 6. Lxf6+ Kf8, und das Matt auf a1 ist nicht zu verhindern.

Verliere keine Zeit!

Ein weiteres Element, von dem wir noch nicht gesprochen haben, ist die Zeit. Unsere Schachfiguren bewegen sich in der Zeit (die Züge) und im Raum (auf dem Schachbrett).

So wie wir in Vorteil kommen können, indem wir durch Besetzung wichtiger Felder Raum gewinnen, so auch dadurch, dass wir Zeit oder, wie man sagt, ein „Tempo" oder mehrere Tempi gewinnen, z.B. wenn man die Entwicklung früher beendet als der Gegner oder mit seinem Angriff schneller durchdringt als der andere. Wenn man etwa den Läufer nach b5 gezogen hat und anschließend nach c4 zurückziehen muss, so hat man einen Zug verloren, denn man hat zwei Züge investiert für eine Figurenbewegung, die in einem Zug zu erreichen war. Wenn der Gegner diese Zeit für zwei gute Züge genutzt hat, so hat er uns gegenüber einen Zeitvorteil: er hat ein Tempo gewonnen.

In diesem Fall ist der Zeitverlust ganz offensichtlich. Aber oft liegen etwa zwischen jenen beiden Läuferzügen mehrere andere Züge, und obwohl auch dann derselbe Zeitverlust besteht, kommt er dem Spieler weniger zu Bewusstsein. Weiter bildet ein unüberlegter Abtausch ein lehrreiches Beispiel für Zeitverlust. Tauscht man z.B. eine Figur, die einen oder mehrere Züge gemacht hat, gegen eine noch unentwickelte des Gegners, so verliert man die Summe all dieser Züge. Ähnliches gilt beim Abtausch einer Figur, die mehrmals gezogen hat, gegen eine feindliche, die erst einen Zug getan hat, oder wenn der Gegner mit einer noch nicht entwickelten Figur zurückschlagen kann.

Man vergegenwärtige sich, dass der Verlust eines einzigen Tempos unter Umständen zum Verlust der Partie führen kann. Denn man hat dem Gegner Zeit geschenkt, die man nie wieder zurückgewinnen kann, so dass der Angriff des Kontrahenten eher durchdringt als der eigene.

Man kann nun fragen, wie in irgendeiner Stellung zu ermitteln ist, welche Seite in Zeitvorteil ist, wer Tempi verloren bzw. gewonnen hat. Den materiellen Vorteil kann man leicht durch Abzählen der geschlagenen Steine feststellen. Den Raumvorteil ebenso durch Abzählen der Felder, welche die beiden Spieler beherrschen. Ähnlich ist es hier. Man muss die nützlichen Züge beider Gegner abzählen, um zu klären, wer von ihnen Tempi gewonnen und wer welche verloren hat.

Um ein konkretes Beispiel zu geben, betrachten wir eine der Hauptvarianten der Spanischen Partie. 1. e2-e4 e7-e5 2. Sg1-f3 Sb8-c6 3. Lf1-b5 a7-a6 4. Lb5-a4 Sg8-f6 5. 0-0 Sf6xe4 6. d2-d4 b7-b5 7. La4-b3 d7-d5 8. d4xe5 Lc8-e6 9. c2-c3 Lf8-e7. Wollen wir feststellen, wer hier Tempi gewonnen oder verloren hat, so müssen wir zählen, in wie vielen Zügen jede Partei ihre Stellung erreichen könnte. Weiß könnte seine Stellung erspielen durch 3 Bauernzüge, 2 Läuferzüge, 1 Springerzug und 1 Rochadezug, das sind insgesamt 7 Züge. Schwarz benötigt 3 Bauernzüge, 2 Läuferzüge, 3 Springerzüge, also im Ganzen 8 Züge. Da beide in Wirklichkeit 9 Züge gemacht haben, folgern wir, dass Weiß ein Tempo verloren hat. Denn er hat 9 Züge gebraucht für eine Stellung, die an sich in 7 Zügen zu erreichen war, während die schwarze Stellung erst in 8 Zügen zu realisieren ist. Schwarz hat also Zeitvorteil. Ob Weiß hierfür in der Schwächung des schwarzen Damenflügels und durch seine Bauernstellung eine Kompensation besitzt, ist eine andere Frage. Für den Augenblick interessieren wir uns nur für die gewonnenen oder verlorenen Tempi selbst.

Der folgende Anfang einer Partie zweier Meister in einem großen Turnier möge als abschreckendes Beispiel dafür dienen, wohin Tempoverluste führen können: 1. c2-c4 Sg8-f6 2. Sb1-c3 e7-e6 3. e2-e4 Lf8-b4? 4. e4-e5 Sf6-g8 (Das ist erzwungen, denn nach 4... Lxc3 5. dxc3 Se4 6. Dg4 gewinnt Weiß eine Figur.) 5. Dd1-g4 Lb4-f8, und Schwarz hat Tempi verloren.

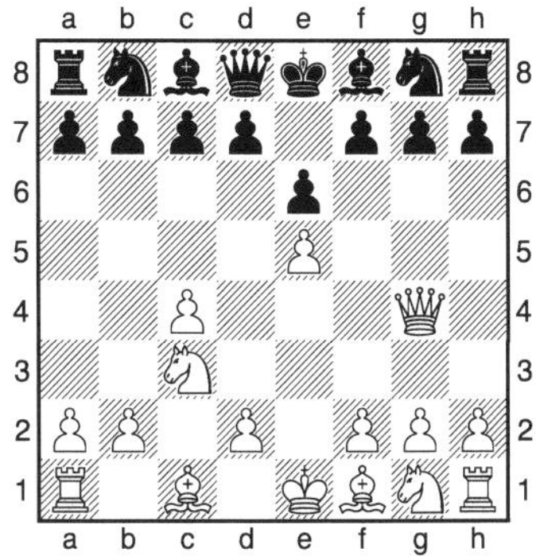

Stellung 22

Er steht kümmerlich und hat die Partie auch schnell verloren. Ein Blick auf Stellung 22 lehrt, dass Schwarz für den Zeitverlust über keinerlei ausgleichende Vorteile verfügt.

Das ist eine Ausnahme. Wenn beiderseits korrekt gespielt wird wie in obiger Variante der „Spanischen", so hat der eine Spieler wohl ein Tempo gewonnen, hat aber dem Gegner dafür andere Vorteile überlassen müssen. Wir sehen also, dass der Zeitgewinn zwar ein wichtiger, aber nicht der allein ausschlaggebende Faktor ist. Er dient neben der Materialbilanz und dem Raumbesitz nur zur mechanischen Analyse einer Stellung.

Ohne genaue Analyse der Stellung ist nichts Wesentliches zu erreichen!

Wir haben soeben die mechanische, äußerliche Analyse der Stellung durchgeführt, und man kann fragen: Ist eine solche wirklich notwendig und warum? Sie ist in der Tat unerlässlich! Denn um zu wissen, wie man weiterspielen soll, muss man genau wissen, wie man steht. Wie oft sagt ein Spieler: Ich hatte sicher die bessere Stellung, aber ich wusste nicht, wie ich sie ausnutzen konnte, ich machte ein paar schlechte Züge und verlor die Partie. Wir würden ihn dann fragen: Hast du auch wirklich die Stellung analysiert? Wusstest du genau, worin dein Vorteil bestand? Wenn er das nämlich getan hätte, so hätte er wohl gewusst, was zu tun war und hätte die Partie nicht verloren.

Man sieht, es genügt nicht, nur das Gefühl zu haben, besser oder schlechter zu stehen als der Gegner. Man muss vielmehr genau wissen, worin die Überlegenheit oder der Nachteil besteht. Hat man die bessere Stellung, so kann man die Initiative ergreifen und zum Angriff übergehen. Wenn allerdings der Gegner Vorteil hat, so muss man sich auf die Verteidigung einstellen. Ist unser Vorteil sehr groß, dürfen wir mit aller Kraft angreifen. Ist er nur gering, so werden wir besonnen sein und vorsichtig spielen, ohne etwas zu überstürzen. Nur eine erschöpfende Stellungsanalyse kann uns jeweils den richtigen Weg weisen.

Die vollständige Analyse einer Stellung ist aber eine langwierige Aufgabe. Man sollte stets mit einer mechanischen, äußerlichen Analyse beginnen, deren Resultat unabhängig von dem ist, der sie anstellt, weil weder das Gefühl noch die persönliche Einstellung des betreffenden Spielers dieses beeinflussen.

Man prüfe alles, was auf dem Brett steht, beachte, welche Figuren gut, welche schlecht postiert sind, dann wird man leicht erkennen, wessen Figuren wirkungsvoller und somit stärker sind, die eigenen oder die des Gegners. Dann wäge man die Stärke oder Schwäche der verschiedenen Felder ab. Das Resultat zeigt uns, wer Raumvorteil besitzt. Und schließlich prüfe man noch das Zeit-Element, um zu ermitteln, ob einer der Kontrahenten Tempi gewonnen hat.

Ergibt diese Analyse in jeglicher Hinsicht einen eigenen Vorteil, so darf man getrost auf Gewinn spielen. Wenn jedoch der Gegner in allen drei Punkten überlegen ist oder wenigstens in dem einen oder anderen, so ist mit unserer Position etwas nicht in Ordnung. Wir müssen umsichtig spielen und uns bemühen, die Missstände zu beseitigen.

Eine gründliche Analyse dieser Art kann man natürlich jederzeit während der Partie einflechten, aber sie erfordert Zeit, und man wird sie nicht unnötig wiederholen.

Es kommt häufig vor, dass der besser Stehende einen Angriff einleitet und ihn auch dann noch fortsetzt, wenn sich der ursprüngliche Stellungsvorteil verflüchtigt hat. Er hat vielleicht nicht die besten Züge gefunden, oder der Gegner hat einen Ausweg entdeckt, den er nicht vorausgesehen oder dessen Tragweite er nicht richtig eingeschätzt hat. Wie dem auch sei, der Stellungsvorteil ist vergeben und damit auch jede Berechtigung für die Fortsetzung des Angriffs. Das merkt er jedoch nicht und greift unbekümmert weiter an mit dem Ergebnis, dass er zurückgeschlagen und seine Stellung aufgerollt wird. So verliert er die Partie, die er schon zu gewinnen glaubte, ohne zu verstehen, wie das geschehen konnte. Eine sorgfältige Analyse im geeigneten Moment hätte ihn wohl auf die Gefahr aufmerksam gemacht und vor dem Verlust geschützt.

Nachdem wir uns von der Unverzichtbarkeit einer Stellungsanalyse gründlich überzeugt haben, werden wir uns nicht mehr entmutigen lassen, wenn wir hören, dass diese äußerliche Analyse, mit der wir uns bisher beschäftigt haben, nur der eine Teil einer vollständigen Analyse ist. Haben wir jene durchgeführt, so müssen wir noch zu der dynamischen oder inneren Stellungsanalyse übergehen.

Nehmen wir an, wir hätten unseren h-Bauern bis zur 5. Reihe vorgerückt und dabei ein Tempo oder mehrere Tempi gewonnen. Wenn jedoch dieser vorgeschobene Bauer schwach ist, so ist der Tempogewinn bedeutungslos. Die Schwäche dieses Bauern gleicht für den Gegner den Zeitverlust wieder gut aus. Oder wenn wir wichtige Punkte im feindlichen Lager mit unseren Figuren besetzen, so nutzt uns das herzlich wenig, wenn wir unterdessen an einer anderen Stelle des Brettes mattgesetzt werden. Weiter: Was hilft uns der Gewinn einer feindlichen Figur, wenn der Gegner dafür einen unwiderstehlichen Angriff einleiten kann? Deswegen darf man allerdings nicht glauben, die mechanische Analyse sei überflüssig. Durchaus nicht! Nur muss sie eben ergänzt werden durch eine dynamische Analyse, die darin besteht, die beiderseitigen Zeit-, Raum- und Material-Vorteile in ihrer Auswirkung gegeneinander abzuschätzen. Das durchzuführen ist nicht immer so einfach, aber jene mechanische Überprüfung erleichtert uns die dynamische Analyse ganz wesentlich.

Lass keine Figur auf einem Feld stehen, wo sie keine Wirkung hat oder nicht in Fühlung mit den übrigen Figuren ist!

Bei dieser dynamischen Analyse muss unser Hauptaugenmerk darauf gerichtet sein, ob unsere Figuren Aussichten haben, von ihrem Standort aus wichtigere Felder und Linien besetzen oder beherrschen zu können. Eine scheinbar stark stehende Figur kann an ihrem Platz nutzlos sein, wenn für sie keine Möglichkeit besteht, auf andere wichtige Punkte zu gelangen oder erfolgreich mit den übrigen Figuren zusammenzuwirken. Der Wert einer solchen Figur ist dort sehr gering. Die Verbindung zwischen unseren Steinen müssen wir stets aufrechterhalten, so dass sie sich gegenseitig unterstützen können, sei es zum Angriff oder für die Verteidigung. Eine isoliert stehende Figur kann nicht rechtzeitig eingreifen und kann leicht die Ursache für den Verlust der Partie werden. Schon hieraus erkennt man die enorme Bedeutung der inneren Stellungsanalyse.

Wenn in unserer Stellung Defizite vorliegen, sich die eine oder andere Figur auf dem Abstellgleis befindet oder zwischen den einzelnen Figuren keine Bindung besteht, so ist unsere vordringliche Aufgabe evident: Wir müssen all diese Unstimmigkeiten beheben, solange noch Zeit ist. Dies unter feindlichem Druck auszuführen ist nicht immer leicht, aber versuchen müssen wir es. Vor allem heißt es dann, einen gegebenenfalls begonnenen Angriff aufzuschieben, um erst die zerstreuten Streitkräfte zu sammeln.

Erst bei einer vollständigen Stellungsanalyse, wie wir sie hier skizziert haben, wird man alle die der Position innewohnenden Feinheiten und Eigentümlichkeiten bemerken. Der erste, mechanische Teil ist dabei rein schematisch, praktisch ein Rechenexempel. Der zweite Teil dagegen ist individuell, mehr qualitativ und bei Weitem schwieriger.

Gute und sehr erfahrene Spieler beschränken sich in der Praxis auf diese zweite, individuelle Art der Stellungsbeurteilung, in der Überzeugung, dass jene mechanische Abzählübung für sie entbehrlich ist. Im Allgemeinen haben sie Recht. Es kommt jedoch durchaus vor, dass selbst ausgesprochen gute Spieler in ihrem Urteil über eine Stellung weitgehend differieren oder sie sogar falsch einschätzen. Daher ist es auch für sie bisweilen ratsam, die komplette Analyse durchzuführen. Wenn dies aber schon für starke Spieler gilt, so erst recht für den unerfahrenen. Nur wenn dieser den mechanischen Teil gewissenhaft erledigt, kann er eine solide Grundlage für die Beurteilung einer Position gewinnen. Da dies unabhängig von jeder persönlichen Ansicht, d.h. völlig neutral ist, hat man damit ein gesichertes Tatsachenmaterial, auf dessen Basis man zuversichtlicher und mit größerer Ruhe den zweiten, individuellen Teil der Analyse angehen kann, um die inhärenten Feinheiten der Stellung zu erfassen.

Der große Meister Janowski wurde einmal gefragt, wie er es anstelle, so gut simultan zu spielen, er ziehe doch fast ohne nachzudenken. Darauf antwortete er: „Ich spiele simultan ebenso gut wie in einer ernsten Partie, denn ich sehe sofort, welcher Zug jeweils zu tun ist. In einem Turnier prüfe ich ihn durch eine Analyse nach, bei einer Simultanveranstaltung tue ich das natürlich nicht, aber ich weiß, dass der Zug gut ist."

Dies ist nur einem sehr guten Spieler möglich, der den Gehalt der Stellung mit einem Blick erfasst und sofort weiß, was zu tun ist. Der unerfahrene Spieler aber muss erst den Inhalt der Stellung ergründen, und die einzige Möglichkeit hierzu bietet eine vollständige Analyse, bei der er jeden Stein des Brettes separat, seine eigenen Steine und die des Gegners, prüft und ihre Wirkungskraft, ihre Kooperation usw. kontrolliert.

Über die Stärken und Schwächen von Schachcomputern

Erfahrungen mit einem Schachcomputer (bzw. mit Schachprogrammen auf dem PC) haben wohl die meisten schon gemacht. Über das Freizeitspiel hinaus muss man aber damit rechnen, auch beim Turnier oder im Fernschach gegen Rechner antreten zu müssen. Da die Schachprogramme zudem immer stärker geworden sind, gewinnt die Frage an Interesse, wo ihre Stärken und Schwächen liegen.

Anmerkung des Hrsg.: *Bei einem Turnier trifft der Spieler heute nur noch „indirekt" auf Computer in dem Sinne, dass sich praktisch alle Teilnehmer mittels Computer und Datenbanken gezielt auf ihre Gegner vorbereiten. Der Einsatz von Schachcomputern als „Turnierteilnehmer", eine seinerzeit gern geübte Praxis, ist seit vielen Jahren aus den Turnierarenen verschwunden.*

Im Fernschach ist der Einsatz von „Mensch-Maschine-Kombinationen" ebenfalls längst üblich und natürlich nicht kontrollierbar. Der direkte Vergleich Mensch gegen Computer ist hingegen weithin uninteressant geworden, nachdem der letzte Wettkampf auf höchster Ebene vom Menschen verloren wurde. (Kramnik vs. Deep Fritz, Bonn 2006; Fritz gewann 4 – 2.)

Es ist zu berücksichtigen, dass die Ausführungen in diesem Kapitel zu einer anderen Zeit mit einem anderen Stand der Technik verfasst wurden. Die gesamte Entwicklung des modernen Schachs unter dem Einfluss des Computers statt die damit verbundenen Schattenseiten sind in der Fachliteratur schon häufig diskutiert worden.

Beginnen wir mit den starken Seiten. In *Stellung 23* sehen wir eine Stellung aus **Lasker – Euwe**, Nottingham 1936.

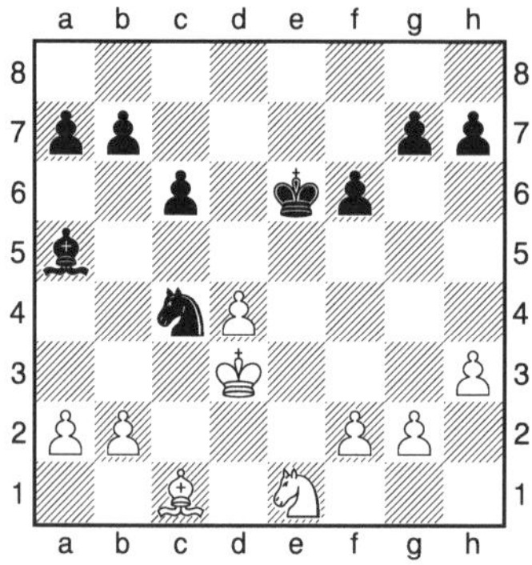

Stellung 23

Der damals amtierende Weltmeister Euwe hatte mit zuletzt Lc7-a5 einen großkalibrigen Bock geschossen. Lasker ließ sich die Gelegenheit natürlich nicht entgehen und gewann mit dem Zwischenzug 1. b2-b4! eine Figur, da nach 1... La5xb4 2. Se1-c2 zwei schwarze Figuren hängen.

Der Fehler von Euwe ist menschlich, denkt man doch, dass Weiß in der Diagrammstellung entweder den angegriffenen Se1 zieht oder 1. Kxc4 spielt. Die an sich positive Eigenschaft, von allen möglichen Zügen nur eine geringe Zahl zu berechnen, schlägt hier ins Negative um.

Die Denkbarriere, mit 1. b4 einen Bauern einfach zum Schlagen hinzustellen, existiert für einen **Computer** nicht. Er berechnet zunächst alle Züge. Materialgewinne, die kurzzügig zu erreichen sind, entgehen ihm nicht. Das heißt, dass der Zug 1. b4! von jedem besseren Schachprogramm gefunden wird, wie auch der vorangegangene Fehler Lc7-a5 vermieden wird.

Verallgemeinernd kann man sagen, dass Computer taktisch extrem stark sind. Hierbei verstehen wir unter Taktik das Durchrechnen von Varianten innerhalb eines relativ kurzen Berechnungszeitraumes, also z.B. nicht 15 Züge. Daneben muss auch erwähnt werden, dass Computer in der Regel einen sehr großen Speicher mit Eröffnungsvarianten haben, nicht ermüden und nicht von Stimmungen abhängig sind. Wie vermeidet man es nun, ein Opfer ihrer Stärken zu werden? Mit den zuletzt genannten Eigenschaften muss man offenbar fertigwerden. Wer selbst ein gutes Eröffnungsprogramm hat, braucht sich darum keine Sorgen zu machen. Insbesondere mit den weißen Steinen kann man auch mal frühzeitig die ausgetretenen Pfade der Theorie verlassen.

Hauptstärke der Computer ist jedoch ihre **Taktik.** Hier empfiehlt es sich, offene Stellungen zu meiden bzw. geschlossene Strukturen anzustreben. Zum Beispiel ist im Königsinder das Zentrum oft verschachtelt. Das Spiel findet dann auf den Flügeln statt, und Computer können ihre Stärken nicht ausspielen. Ihre Schwächen liegen demzufolge eher auf dem Feld der **Strategie,** welche hier grob als langfristige Planung definiert werden soll. Zur Demonstration dieser Schwäche nachstehend der Schluss einer Partie zwischen zwei amerikanischen Computern, welche zum Zeitpunkt der Partie zu den besten Schachcomputern der Welt gehörten: *Belle – Nuchess,* USA 1984.

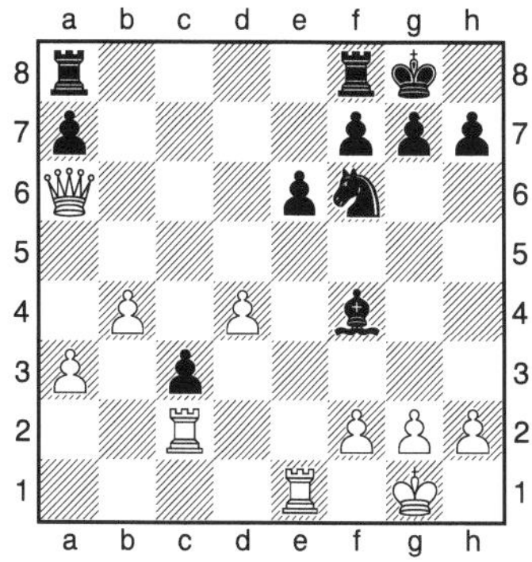

Stellung 24

Die Diagrammstellung zeigt die Partiesituation nach dem 24. Zug von Schwarz. Belle hatte durch eine glanzvolle Kombination eine Gewinnstellung erreicht.

Nun hätte 25. Txc3 Ld2 26. Tec1 Lxc3 27. Txc3 die Lage vollends zu Gunsten von Weiß geklärt.

Doch Schachcomputer haben für das Material die Punktbewertung D=9, T=5, L=S=3, B=1, d.h. Belle würde bei der Aktion einen Punkt einbüßen. Selbst ein halber Extrapunkt für den Freibauern auf c3 konnte den Computer nicht zu 25. Txc3 bewegen.

Das Tragische ist aber, dass Weiß ohne die Beseitigung des starken Bc3 nicht gewinnen kann, da dieser das weiße Spiel massiv behindert. Um das zu erkennen, benötigt man Erfahrung. Durch Bewertung der Stellung oder Vorausberechnung kommt man nicht zu dieser Erkenntnis. Erfahrungen sind aber (noch) Sache des Menschen.

Auch die schwarzen Steine führt ein Computer, und der fürchtet sich nicht vor einem Tausch L + B gegen T. Der weitere Verlauf mutet daher wie eine Komödie an:

25. Da6-b7? Sf6-d5 26. Te1-e2 Lf4-d2? 27. Db7-a6? g7-g6? 28. Te2-e4 Tf8-e8 29. Kg1-h1? Te8-f8 30. Te4-h4 Ld2-g5 31. Th4-h3 Lg5-e7? 32. Da6-a4? Le7-f6 33. Th3-d3 Tf8-d8 34. b4-b5?! Td8-b8? 35. Tc2-c1? a7-a6!? 36. b5xa6 Tb8-b6 37. a6-a7 Tb6-b7 38. Tc1-a1?? Ta8xa7 39. Da4-d1 Tb7-b2 40. f3?! c3-c2 41. Dd1-f1 Lf6-g5! 42. g2-g3 Ta7-b7 43. f3-f4 Tb2-b1! 44. Td3-f3 Lg5-f6 45. f4-f5 Lf6xd4 46. Ta1xb1 c2xb1D 0:1.

Seit 1984 sind die Computer natürlich besser geworden, aber prinzipiell gilt immer noch:

– es besteht eine merkliche Diskrepanz zwischen taktischer Stärke und strategischer Unzulänglichkeit.

Um die strategische Schwäche auszunutzen, empfiehlt es sich, wie schon gesagt, geschlossene Stellungen anzustreben.

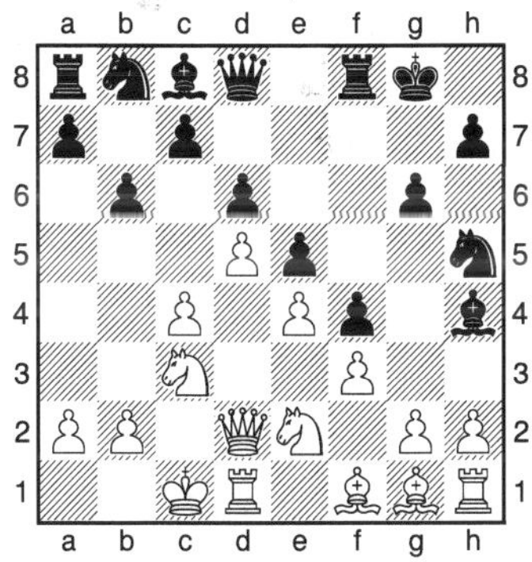

Stellung 25

Das Diagramm zeigt keine willkürlich aufgestellte Position, sie hätte vielmehr in einem Königsinder entstehen können. Der Vorteil liegt klar auf der Seite von Weiß. Dies hat die Erfahrung einiger Partien auf Großmeisterebene gezeigt.

Bemerkenswert an dieser Stellung ist die Tatsache, dass Weiß nach entsprechender Vorbereitung mit b4 und c5 das Spiel am Damenflügel öffnet, während die Chancen von Schwarz am anderen Flügel liegen. Jeder öffnet also da, wo der eigene König steht. Der jeweils vorhandene Raumvorteil macht's möglich. Ein Computer würde jedoch die Sicherheit des eigenen Königs nicht gefährden wollen und daher in einer solchen Stellung relativ hilflos sein.

Man sollte sich bewusst machen, was der Computer nicht kann. So kommen Opfer für ihn nur dann in Frage, wenn das Material innerhalb seines Rechenhorizonts zurückgewonnen wird.

Empfehlen möchte ich besonders Qualitätsopfer, vor allem deshalb, weil die Differenz zwischen Turm (=5) und Leichtfigur (=3) zu groß ist. Erhält man für eine Qualität einen Bauern und Initiative, so sollte man zugreifen, sofern die Stellung dabei nicht zu sehr geöffnet wird.

Spiele nicht zu schnell!

Ein unerfahrener Spieler wird oft ungeduldig. Er will schnell zum Ziel kommen und scheut den Zeitaufwand für eine Stellungsanalyse. Demzufolge sieht er nicht die Feinheiten der Position, nicht die Unterschiedlichkeiten zwischen der eigenen Stellung und der des Gegners, die Schwächen und Drohungen, die beiderseitigen Angriffschancen usw. Durch dieses Versäumnis verliert er oft eine Partie, die er bei einiger Sorgfalt hätte unentschieden gestalten oder vielleicht sogar zum Siege führen können. Mit einem Blick den richtigen Zug zu sehen, das ist nur ganz starken und sehr geübten Spielern gegeben. Der Anfänger kann jene vollständige doppelte Analyse, die quantitative und die qualitative, nicht ungestraft außer Acht lassen.

Wir wollen ein Beispiel betrachten, an dem wir sehen, wie die Stellungsanalyse uns den richtigen Weg weist. In der Stellung 26, die einer Partie **Capablanca – Yates** aus dem New Yorker Turnier 1924 entstammt, ist das Material auf beiden Seiten gleich.

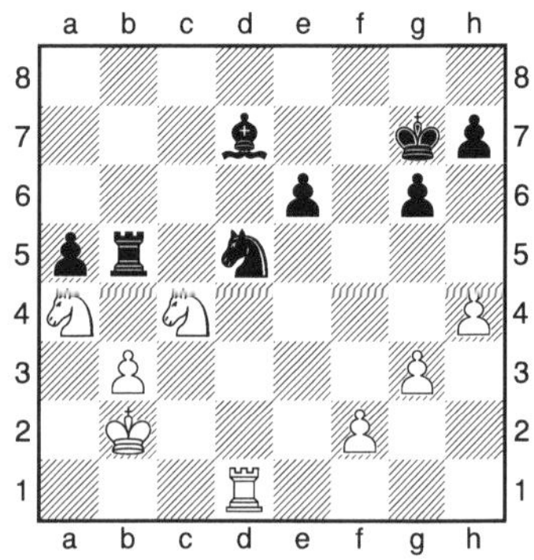

Stellung 26

Weiß hat offenkundig Raumvorteil und wohl auch Zeit gewonnen. Ferner stehen seine Bauern besser, denn Schwarz hat zwei isolierte Bauern, und der eine von ihnen, Ba5, ist sehr schwach, da er auf einem schwarzen Feld steht und demnach nicht von dem Läufer gedeckt werden kann, während der schwarze Springer nur mit großem Zeitverlust zu seinem Schutz herangeführt werden kann. Weiß muss deshalb danach trachten, diesen Ba5 ein zweites Mal anzugreifen, und damit ist der Plan vorgegeben.

Die stringente Spielführung von Weiß ist sehr gefällig: 1. Sa4-c3 Tb5-c5 2. Sc3-e4 Tc5-b5 3. Se4-d6 Tb5-c5 4. Sd6-b7 Tc5-c7 5. Sb7xa5 und gewinnt.

Diese Zugfolge ist zwingend, denn durch eine Folge von Turmangriffen konnte Weiß sein Ziel, den a-Bauern zu erobern, erreichen. So einfach liegt die Sache nicht bei der Stellung 27, die einer Turnierpartie **Teichmann – Bernstein** entnommen ist. Trotzdem wird uns auch hier die vollständige Analyse den richtigen Weg weisen.

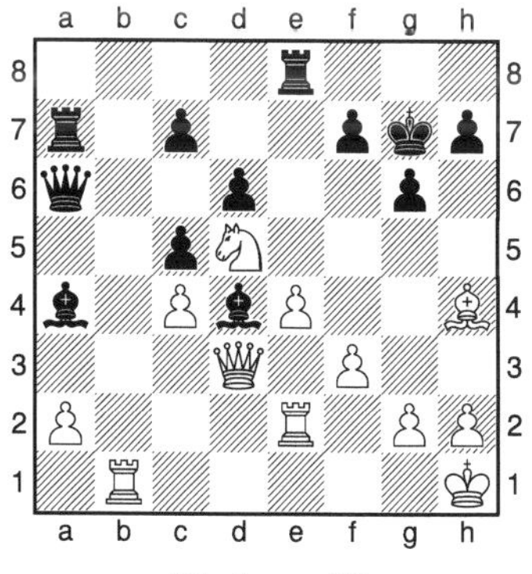

Stellung 27

Wir gehen davon aus, dass der Leser selbst den ersten, mechanischen Teil der Analyse durchführen kann, und wollen deshalb gleich zum zweiten, individuellen Teil übergehen.

Man erkennt schnell die Besonderheiten der Stellung: Schwarz hat zwei sehr schwache Felder, f6 und h6. Das sind durch den Schritt des g-Bauern entstandene Löcher, die augenblicklich nur von König und Läufer verteidigt werden. Wenn dieser schwarze Läufer abgetauscht werden könnte, würden die besagten Felder noch schwächer werden. In diesem Fall könnte die weiße Dame eine der beiden großen Diagonalen a1-h8 oder c1-h6 besetzen, um sich anschließend mit Hilfe des Springers auf f6 oder h6 einzunisten. Wodurch der schwarze König aufs Äußerste gefährdet wäre. Der Kernpunkt der Position ist damit dargelegt.

Die Frage ist nun: Kann Weiß den Abtausch des schwarzen Läufers erzwingen? Kann er das, so ist der obige Plan in seiner Gesamtheit durchführbar. Funktioniert es nicht, so wird Schwarz mit seinen beiden wirkungsvoll postierten Läufern die bessere Stellung besitzen.

Aber mit 1. Lh4-f2 kann Weiß tatsächlich den Tausch erzwingen: Denn antwortet Schwarz etwa 1... Le5, so folgt 2. f4, dies zwingt den Läufer nach f6, worauf Weiß mit 3. Sxf6 Kxf6 4. Dc3+ die überlegene Stellung erhält. In der Partie ergab sich folgender dramatischer Verlauf:

1. Lh4-f2 Ld4xf2 2. Te2xf2 Da6-a5 (um Dc3+ zu verhindern) 3. Dd3-e2 Schwarz kann das Schach auf b2 nicht verhindern. 3... f7-f6 Darauf eröffnet Weiß einen direkten Königsangriff, bei dem das Loch f6 die Hauptrolle spielt; es folgte 4. De2-b2 Te8-f8 5. g2-g4 h7-h6 6. h2-h4 g6-g5 Es muss etwas gegen die Drohung 7. g5 geschehen, aber nun gewinnt Weiß durch 7. f3-f4 g5xh4 8. Sd5xf6 usw.

Komme nicht in Zeitnot!

Dieser Ratschlag ist einfacher erteilt als befolgt. Dass man in Zeitnot grobe Fehler begeht, hat wohl fast jeder schon erleben müssen. Trotzdem kommen viele Spieler regelmäßig in Zeitnot, ja, es gibt sogar Spieler, die praktisch in jeder Partie ein Zeitnotgefecht führen. Die Frage ist demnach, wie es gelingt, nicht in Zeitnot zu geraten. Vielleicht gehören Sie zu den notorischen Zeitnotspezialisten, die an diesem Übel gar nichts ändern wollen. Sie kommen zu spät zum Wettkampf und beschriften erst mal das Partieformular, ehe Sie den ersten Zug ausführen. Sie überlegen schon in der Eröffnung an Zügen, die Sie 100-mal gemacht haben. Im Mittelspiel verbrauchen Sie dann für wenige Züge den größten Teil Ihrer restlichen Zeit. Verderben Sie schließlich die Partie, ist die passende Ausrede gleich zur Hand: Zeitnot. In diesem Falle können Sie die folgenden Zeilen getrost überspringen.

Aber viele Spieler wollen dem Zeitnotübel durchaus zu Leibe rücken. Dazu muss man sich über die Ursachen im Klaren sein. Die wichtigste liegt im Charakter eines Spielers. Wer unter mangelnder Selbstsicherheit leidet und zur Unentschlossenheit neigt, wird zweifellos das Übel Zeitnot nie ganz abstreifen können, es sei denn, er ändert auch seinen Charakter.

Besonders wichtige Partien bzw. Entscheidungspartien verstärken das Gefühl der Unentschlossenheit. Die Unsicherheit wird zunehmen, wenn man gegen starke und vor allem taktisch gewitzte Gegner antritt. In objektiv komplizierten Mittelspielstellungen wird man automatisch mehr Zeit verbrauchen. Nicht in jeder Partie erhält man Stellungen, die einem zusagen, und in unangenehmen Stellungen verbraucht man wiederum mehr Zeit. Oft ist das Bestreben, irgendwelche Probleme zu lösen, die Ursache für zu hohen Zeitverbrauch. Dabei sind solche Lösungen meist nicht herbeizuführen.

Tarrasch schrieb einmal: „In schwierigen Stellungen muss man in Ermangelung guter Züge oft schlechte machen.“ Eine nachteilige Stellung bleibt nachteilig, solange der Gegner keinen Fehler begeht. Damit er den macht, muss man ihm Probleme stellen, aber oft können wir nur gefühlsmäßig oder intuitiv angeben, welcher Zug die größten Schwierigkeiten bereitet. Auch gute Stellungen haben ihre Eigenarten, wenn sie kompliziert sind. Man sollte wissen, dass es oft nicht nur einen besten Zug gibt, sondern mehrere.

Aus einigen der hier aufgeführten Ursachen für Zeitnot ergeben sich Möglichkeiten zur Zeiteinsparung von selbst, bzw. schon das Bewusstmachen der Ursachen kann uns helfen, die Zeitnot zu bekämpfen. Von den folgenden Ratschlägen zielt der erste auch in Richtung Bewusstmachung. Gemeint ist das Aufschreiben der bei jedem Zug verbrauchten Bedenkzeit. Hiermit wird zwar direkt noch keine Zeit eingespart, aber man besitzt damit ein Mittel zur Selbstkontrolle.

Etwas Spezielles ist die ausschließende Methode. Hierbei werden die Züge nacheinander als schlecht aussortiert, bis ein Zug übrig bleibt. Natürlich funktioniert das nur in bestimmten Stellungen.

Eine einfache Möglichkeit zum Zeitsparen ist das Nachdenken, wenn der Gegner am Zuge ist. Allerdings kostet das mehr Kraft, daher sollte man dieses Mittel dann bevorzugt einsetzen, wenn ein bestimmter Gegenzug mit einer gewissen Wahrscheinlichkeit erwartet werden kann.

Es gibt auch Empfehlungen, die man nicht dogmatisch in jeder Partie anwenden sollte. So bewährt sich die Regel, für den letzten Zug vor der Zeitkontrolle mindestens 5 Minuten Reserve zu behalten, nicht, wenn man 6 Minuten für 10 Züge hat.

Die Regel, nie mehr als 30 Minuten für einen einzigen Zug zu verbrauchen, ist von Fischer angewendet worden und sehr empfehlenswert. Doch keine Regel ohne Ausnahme. Eine negative und eine positive Verletzung dieser Regel begegnet uns im folgenden Partiefragment.

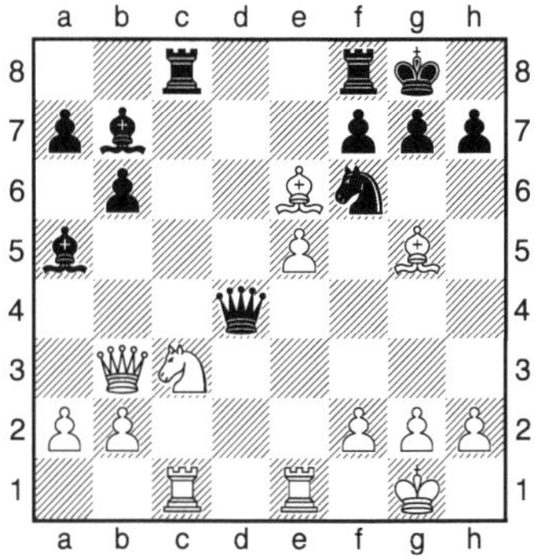

Stellung 28

Schwarz war von 16. Lc4xe6 überrascht worden und brauchte nun – sage und schreibe – 94 Minuten für seine Antwort 16... Sf6-e4.

Die Ursache war das vergebliche Bemühen um die Lösung der Stellungsprobleme, denn Weiß hat hier klaren Vorteil.

Nach wenigen Zügen entstand die folgende Stellung.

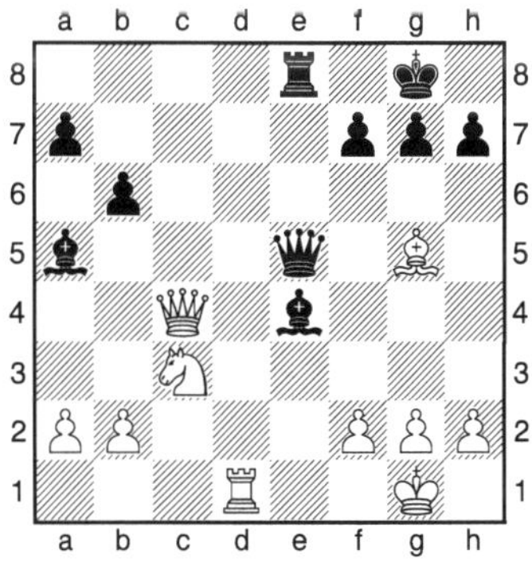

Stellung 29

Weiß hatte ungenau gespielt und musste nun nach längerem Nachdenken feststellen, dass sein Vorteil verschwunden war. Z.B. 21. Sxe4 b5! oder 21. Dxe4 Lxc3.

Die Analyse des nach 21. f4 De8+ 22. Dxc5 bxc5 23. Sxe4 Txe4 24. Ld8! Te1+! 25. Txe1 Lxe1 entstehenden Läuferendspiels ergab Remis, wenn auch mit ein paar kleinen Schwierigkeiten für Schwarz. Die für 21. f4 verwendeten 46 Minuten hatten sich indes gelohnt, denn Weiß konnte das Endspiel danach sehr schnell spielen und damit den Gegner zwingen, stets die eigene Zeit zum Nachdenken zu nutzen. In der Folge kam Schwarz rasch in Zeitnot. Ein paar kleine Fehler genügten, um sein Schicksal zu besiegeln.

Prinzipiell sei gesagt, dass ein Zeitverbrauch von 94 Minuten für einen Zug durch nichts zu rechtfertigen ist.

Ganz wichtig ist, dass man vor dem Kampf die richtige Einstellung gewinnt. Dazu gehört unbedingt, dass man weiß, welche Eröffnung und Variante man spielen will. Ein gutes Eröffnungswissen ist für Spieler, die zeitnotgefährdet sind, sehr nützlich.

Begeht man während der Partie einen Fehler und bemerkt es kurz danach, so hat das oft fatale Folgen. Man trauert den vergebenen Möglichkeiten nach und vergeudet damit unnötig Zeit. Die Devise ist, möglichst gelassen zu bleiben. Man sollte sich einreden, dass die Partie praktisch neu beginnt.

Generell empfehlen wir, eine Denkökonomie zu verinnerlichen, die es gestattet, Zeit zu sparen.

Gib dich in schlechten (verlorenen) Stellungen nicht selbst auf!

Es gibt Spieler, die scheinbar vom Glück verfolgt werden. Obwohl sie oft schlechte oder sogar verlorene Stellungen haben, gelingt es ihnen meistens, den Kopf aus der Schlinge zu ziehen. Hier nur von einer Glückssträhne zu sprechen wäre eine etwas oberflächliche Erklärung.

Die Aussprüche über das Glück im Schach sind mannigfaltig. Capablanca sagte z.B.: „Der gute Spieler hat immer Glück.“ Lasker war ein Spieler, der oft schwierige Stellungen zu seinen Gunsten entschied. Zur damaligen Zeit war die Kunst der Verteidigung aber noch wenig ausgeprägt, so dass selbst ein Spieler wie Tarrasch von Glück sprach. In seinem Buch über das Nürnberger Turnier von 1896 „wies er nach“, dass Lasker in 5 Partien Glück gehabt hätte, und sprach sogar von Zauberei.

Bevor wir uns der Frage zuwenden, was es wirklich mit dem Glück auf sich hat, wollen wir einen Partieausschnitt dieser beiden Schachgrößen der Vergangenheit untersuchen.

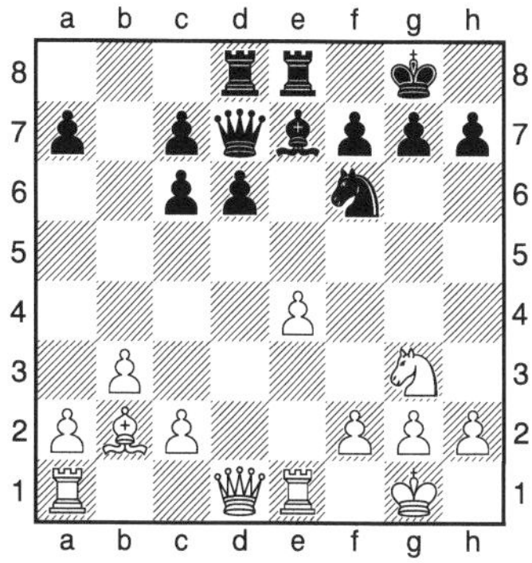

Stellung 30

Wir sehen hier eine Stellung aus der 2. Partie um die Weltmeisterschaft, Düsseldorf 1908. Tarrasch hat mit den weißen Steinen eine hervorragende Stellung aufgebaut. Lasker ist zwar am Zug, kann aber scheinbar keinerlei Aktivität entfalten, da 14... d5? nach 15. e5 Sg4 16. e6! eine Figur verliert. Die Partie verlief wie folgt: 14... Sf6-g4!? 15. Lb2xg7! Sg4xf2! 16. Kg1xf2 (16. Dd4!?) Kg8xg7 17. Sg3-f5+ Kg7-h8 18. Dd1-d4+ f7-f6 19. Dd4xa7

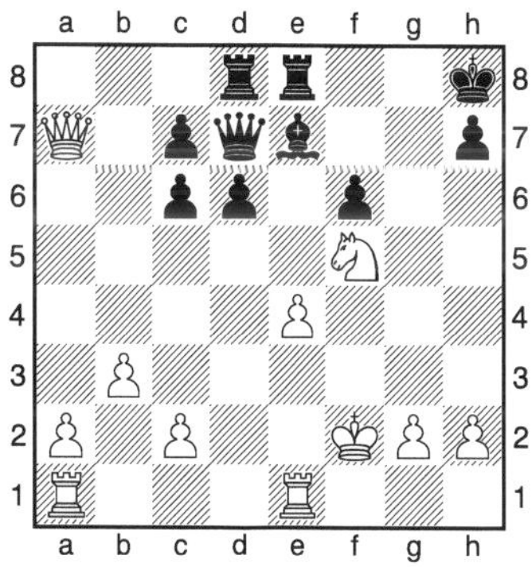

Stellung 31

Nun sieht man das Ergebnis der mit 14... Sg4 eingeleiteten Variante. Scheinbar hat Weiß jetzt erst recht alle Trümpfe in der Hand. Allein der Vorteil des starken Pferdes auf f5 relativ zum armseligen Le7 sollte genügen. Dazu hat Weiß noch einen Bauern mehr.

Doch der Charakter der Stellung hat sich gewandelt. Tarrasch hatte vor 14... Sg4 eine ruhige Partie mit allmählicher Verstärkung des Druckes im Auge, Gegenspiel für Schwarz war nicht eingeplant. Doch nun muss er sich auch um den Be4 sorgen und stets den Vorstoß d6-d5 einkalkulieren. 19... Le7-f8 20. Da7-d4 Te8-e5 21. Ta1-d1 (21. g4!?) Td8-e8 22. Dd4-c3 Dd7-f7 23. Sf5-g3 Lf8-h6 24. Dc3-f3 d6-d5 25. e4xd5 Lh6-e3+ 26. Kf2-f1 c6xd5 27. Td1-d3? (27. Sf5) Df7-e6 28. Te1-e2 f6-f5 29. Td3-d1 f5-f4 30. Sg3-h1 d5-d4

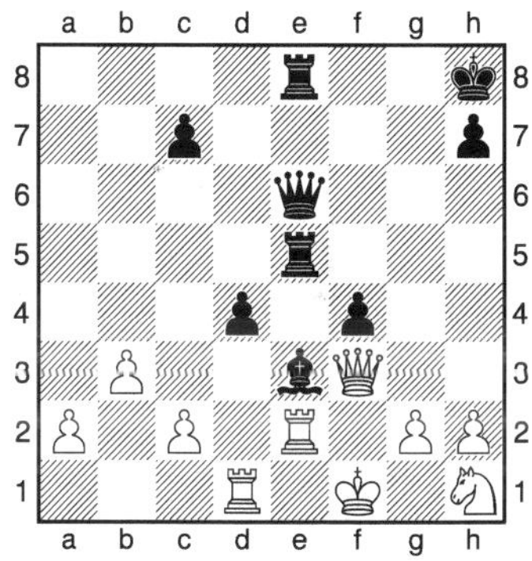

Stellung 32

Kaum zu glauben, wie sich die Lage auf dem Brett gewandelt hat. Zwar hat Weiß noch einen Mehrbauern, aber der schwarze Sieg steht schon außer Frage und lässt nur noch wenige Züge auf sich warten.

Gewiss hat Lasker diese Phase meisterhaft behandelt, aber warum spielte Tarrasch so schlecht? Hatte Lasker wirklich Glück? Die Antwort ist wohl auch psychologisch begründet. Lasker kannte zwei Schwächen seines Gegners genau: das Streben nach klaren Stellungen und die mangelhafte Anpassungsfähigkeit des Denkens.

Die Ausgangsstellung unserer Betrachtung (Stellung 30) entsprach Tarraschs Ideal. Auch nach dem 19. Zug glaubte er, klar besser zu stehen, zu Recht. Doch um den Vorteil festzuhalten, hätte er etwas riskieren müssen. Die Konsolidierung des Sf5 mittels g4 war notwendig, auch wenn sie den weißen König in eine unsichere Lage gebracht hätte.

Nicht jeder ist ein Lasker, der seine Gegner messerscharf analysieren konnte. Doch wir wollen uns zwei typische und von Lasker angewandte Methoden für das Spiel in schlechten (verlorenen) Stellungen merken:

– Versuche, den Charakter der Stellung zu verändern!

– Opfere einen Bauern, um dafür Initiative zu erlangen!

Ist das Material und damit die Anzahl der Zugmöglichkeiten schon dezimiert, sollte man eine Pattkombination nie ausschließen.

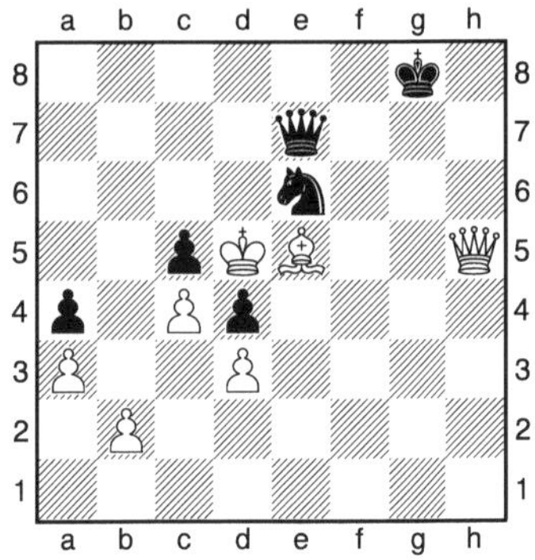

Stellung 33

Scheinbar hat Weiß seinen Gegner im Griff. Doch nach

34.	**...**	**Dd7+**
35.	**Ke4**	**Dc6+**
36.	**Kf5**	**Sg7+**
37.	**Lxg7**	**Dg6+!!**

führt jedes Wiederschlagen auf g6 zum sofortigen Patt.

Auch der Festungsbau kann ein Mittel sein, um sich in schier aussichtsloser Lage noch in ein Remis zu retten.

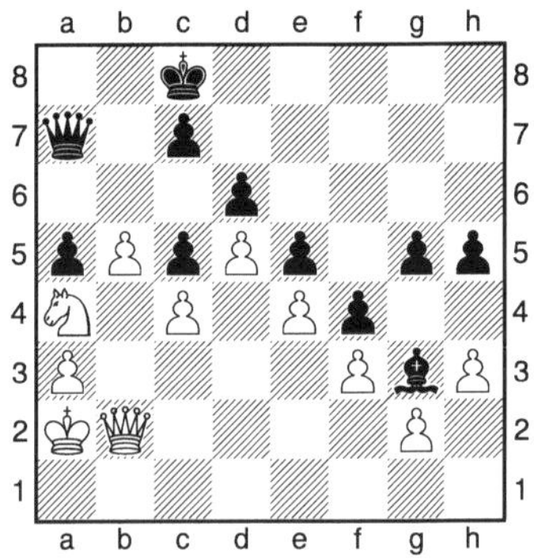

Stellung 34

Mit 37... Da7-b6 bot der Nachziehende ein Geschenk an, das Weiß besser verschmäht hätte. 38. Dd2 und

Überführung des Königs nach a4 war ein guter Plan.

38. Sa4xb6+? c7xb6 39. h3-h4 g5xh4 40. Db2-d2 h4-h3! 41. g2xh3 h5-h4, und die Stellung war so blockiert, dass Weiß mit seinem großen Materialvorteil nichts erreichen konnte.

Doch damit ist das Spektrum der Verteidigungsmittel noch nicht erschöpft. Hat man bereits materielle Nachteile, so wird ein schlichtes Abwehren der gegnerischen Drohungen nicht mehr genügen. Oft hilft nur das Inszenieren von taktischen Verwicklungen. Das Motto „Angriff ist die beste Verteidigung" kann da durchaus förderlich sein.

Die Diskussion aller Verteidigungsmethoden würde jedoch den Rahmen dieses Buches sprengen.

Überschätze nicht deine Stellung!

Hier könnte jemand einwenden, dass man vom bloßen Überschätzen einer Stellung noch keine Partie verliert oder zum Remis verdirbt und dass ein wenig Optimismus zum Erreichen des Sieges auch notwendig ist. Das ist zwar richtig, aber mit einer zu optimistischen Einschätzung der Lage sind Fehler bereits vorprogrammiert. Im Bestreben, den vermeintlichen Vorteil zu beweisen, werden Ausgleichsvarianten von vornherein aus den Überlegungen ausgeschlossen.

Die wichtigste Ursache für das Überschätzen der eigenen Stellung ist in aller Regel die Überbewertung von statischen Faktoren (Materialvorteil, bessere Bauernstruktur) gegenüber dynamischen (Aktivität der Figuren). Auch umgekehrt kommt es zu Fehleinschätzungen. Den Ratschlag zu geben, die Stellungen in Zukunft richtig zu bewerten, käme dem Vorschlag gleich, besser Schach zu spielen.

Nur viel Erfahrung wird uns zu einem besseren Verständnis der Stellungsbewertung führen. Aber Selbstkontrolle kann helfen, nach einem Fehler die Stellung neu und vor allem objektiv zu bewerten.

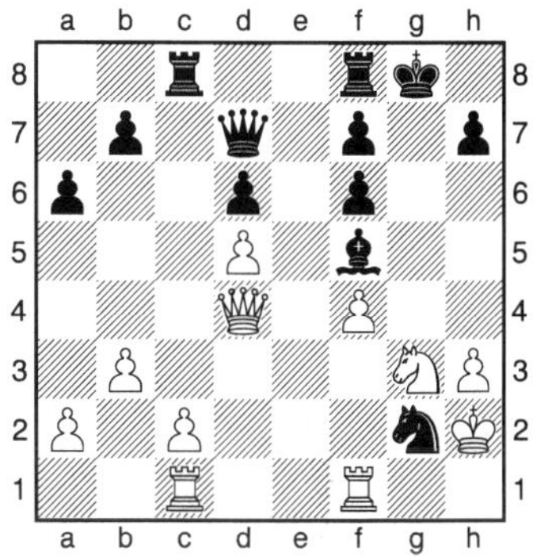

Stellung 35

Die weißen Steine führte hier Suetin, der glatt auf Gewinn stand (objektiv!). 1. Sh5! war leicht zu sehen. Doch glaubte er auch mit 1. Dd4xf6 zum Ziel zu kommen. Nach 1... Lf5xh3 musste er jedoch erkennen, dass das geplante 2. Sh5 mit 2... Dg4 pariert wird.

Übersehen kann jeder mal etwas. Allerdings hätte Weiß nun auch die Beurteilung der Stellung von „leicht gewonnen“ in „vielleicht gewonnen“ anpassen müssen.

Weiter geschah:

2. f4-f5 Sg2-e3 Nun wollte Weiß 3. Kxh3 Sxf1 4. Sh5 spielen, sah aber plötzlich die Erwiderung 3... Tc3+!. Danach kann Weiß höchstens noch auf einen kleinen Vorteil rechnen: 4. Kh2 Tg3+! 5. Sxg3 Sxg3 usw.

Wegen der zu optimistischen Einschätzung der Ausgangsstellung suchte Weiß aber Besseres und „fand“ auch etwas.

3. Df6-g5+ Kg8-h8

4. Dg5xe3??

Noch war die Umkehr mit 4. Df6+ möglich.

Bei dem Textzug übersah Weiß glatt das profane Schlagen auf f1.

4. ... Lh3xf1

und Schwarz gewann bald.

Der Fehler 4. Dxe3 ist umso mehr verblüffend, als die weißen Steine von einem Großmeister geführt wurden.

Die Erklärung liegt wohl in dem starren Festhalten an der Stellungseinschätzung. Obwohl Suetin sicher erkannte, dass 1. Dxf6 ein Fehler war, konnte er sich nicht von seinen Siegesträumen trennen.

Oft liegen Leichtsinn und Überschätzung der Stellung dicht beieinander.

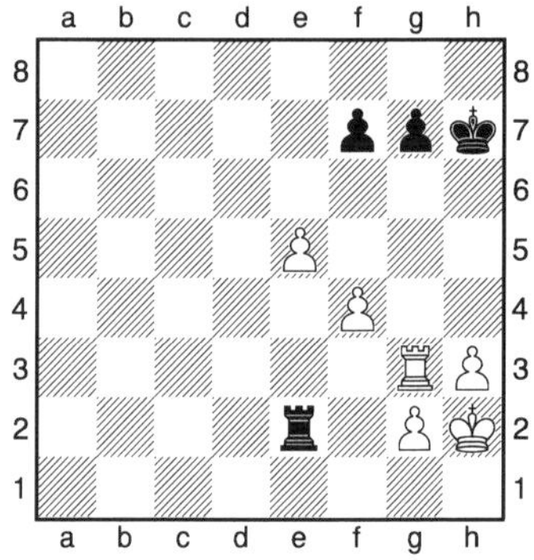

Stellung 36

Die Diagrammstellung zeigt ein schon klassisches Endspiel. In Zürich 1953 standen sich Reshevsky und Geller gegenüber. Der Amerikaner stand glatt auf Gewinn und fühlte sich nicht zu Sorgfalt verpflichtet. Mit 45. Ta3, gefolgt von Kg3, Kf3, g4 hätte er seinen Vorteil leicht zur Geltung bringen können.

45. h3-h4?

Schwächt das Feld g4 und erschwert den Sieg erheblich.

45 ... Te2-e4 46. Tg3-f3 f7-f6 47. e5xf6 g7xf6 48. Kh2-g3

(48. g4 f5!)

48... Kh7-g6 49. Tf3-a3 f6-f5

Weiß hat offenbar an Vorteil eingebüßt, aber wie zuvor Suetin hat Reshevsky die Änderung der Situation nicht voll erfasst. Nur mit 50. Ta8! konnte er noch gewinnen.

50. Ta3-a6+ Kg6-h5 51. Ta6-f6 Te4-e3+ 52. Kg3-f2 Te3-a3 53. g2-g3 Ta3-f3+! (vgl. Diagramm)

Diesen Pattwitz hatte Reshevsky übersehen. Nach 54. Kg2 Txg3+ oder wie in der Partie 54. Ke2 Txg3 kann Weiß nicht mehr gewinnen.

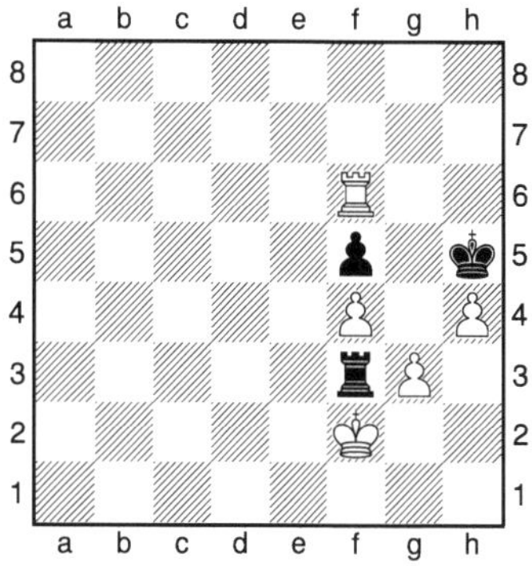

Stellung 37

Gewiss hätte man dieses Beispiel auch im vorigen Kapitel bringen können, denn die Verteidigungsleistung von Geller war famos. Doch entscheidend war der Leichtsinn von Reshevsky.

Beachte die Schwäche der Grundreihe!

Beobachtet man Partien von Spielern, die von Meisterstärke noch merklich entfernt sind, so finden sich im frühen Partiestadium häufig die Züge h3(h6) oder g3(g6), um dem König ein Luftloch zu verschaffen.

Oft erweisen sich diese Züge aber als Zeitverlust oder auch als Schwäche, die der Gegner für Angriffsoperationen nutzen kann. So ist es sehr wichtig, den richtigen Zeitpunkt zu erkennen, wann ein Luftloch erforderlich ist. Wird dieser Moment verpasst, kann das fatale Folgen haben, denn bevor die Probleme mit einer schwachen Grundreihe beginnen, verhindern forcierte Zugfolgen oft die Schaffung eines Luftlochs.

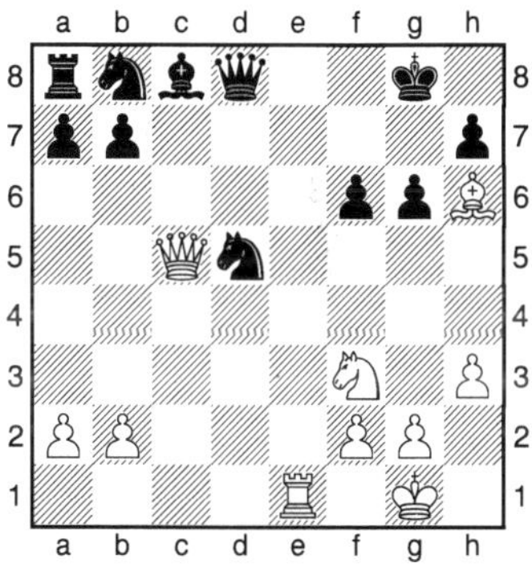

Stellung 38

In der Partie **Pogorelov – Janocha**, Prag 1988, hat Schwarz bei der Entwicklung seines Damenflügels stark gesündigt. Offensichtlich war der Materialgewinn zu verlockend, und die

Mehrfigur würde bei einem normalen Partieverlauf natürlich den Sieg garantieren. Aber vier weiße Figuren bedrohen den schwarzen König, und dem Nachziehenden fehlt einfach die Zeit, um die Drohungen auf der 8. Reihe zu unterbinden, selbst wenn er sie inzwischen erkannt hat. Das Schlussspiel ist sehenswert:

1. Sf3-g5 (die Drohung 2. Dxd5+ Dxd5 3. Te8# muss nun pariert werden) 1... f6xg5 2. Dc5-d4 Dd8-d7 3. Te1-e8+ Kg8-f7. Die an das Feld g7 gebundene schwarze Dame musste den Turm ungestraft auf die Grundreihe eindringen lassen.

4. Dd4-g7+ Kf7xe8 5. Dg7-f8#.

Es geschieht natürlich selten, dass ein Spieler das Matt auf der Grundreihe einfach übersieht. Meist sind es kleinere Kombinationen im Vorfeld, die als Krönung das entscheidende Eindringen auf der Grundreihe ermöglichen. Dabei spielt das Motiv der Ablenkung die wichtigste Rolle. Die folgenden beiden Beispiele werden dies verdeutlichen.

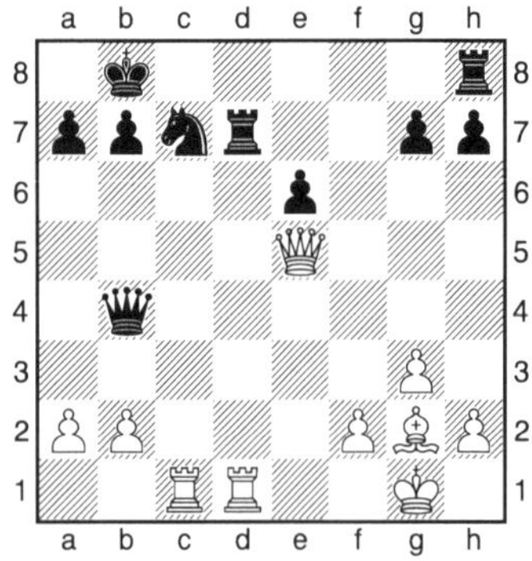

Stellung 39

Weiß besitzt in der Partie **Geller – Debarnot**, Las Palmas 1976, deutlichen Vorteil, der sich vor allem darauf gründet, dass alle weißen Figuren hervorragend postiert sind. Schwarz muss also für Entlastung sorgen und bereitet mit 1... Th8-d8? den Abtausch eines Turmpaares in der d-Linie und deren Besetzung vor. Der Turm auf d8 wird lediglich von seinem „Kollegen“ auf d7 gedeckt, der aber auch noch den Springer auf c7 schützen muss, also eine Doppelfunktion übernommen hat. Diese Überlastung findet durch 2. De5xc7+ Td7xc7 3. Td1xd8+ Tc7–c8 4. Td8xc8# ihre Widerlegung.

Auch in der Begegnung **Katalimow – Kolpakow**, Riga 1975, ist die weiße Position als klar vorteilhaft einzuschätzen.

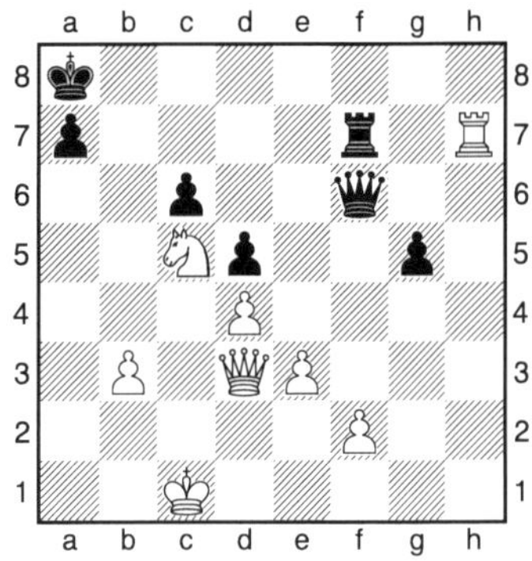

Stellung 40

Alle weißen Figuren stehen besser. Der Springer auf c5 nimmt eine dominierende Stellung ein und kontrolliert mit b7 das Fluchtfeld des schwarzen Königs. Die 8. Reihe, vor allem die Felder f8 und h8, werden von den schwarzen Schwerfiguren zwar überdeckt, aber eine geschickte Ablenkung der schwarzen Dame könnte zu einem tödlichen Turmschach auf h8 führen. Der gewünschte Tatbestand tritt allerdings nur ein, wenn die schwarze Dame von ihrem Standfeld f6 nach g6 abgelenkt wird. Dies vermag nur der Zug 1. Dd3-g6!, der die Partie sofort entscheidet.

Die Grundreihe muss also sorgfältig bewacht werden. Schnelle Entwicklung und ein harmonisches Zusammenspiel der Figuren sowie das Luftloch zum richtigen Zeitpunkt werden Ihnen größere Enttäuschungen ersparen. Das Gefühl dafür stellt sich durch ausreichende Praxis von selbst ein.

Lass deine Figuren nicht fesseln!

Die Fesselung ist ein häufiges Motiv in der Schachpartie. Sie tritt in vielen Variationen auf und wird deshalb oft übersehen. Ist eine Figur erst einmal gefesselt, kann dieser Umstand zum partieentscheidenden Faktor werden. Der zunehmende Druck, der auf diese Unglücksfigur einwirkt, wird oft so stark, dass materielle Einbußen unvermeidlich sind. Ein Partieverlust ist dann vorprogrammiert.

Der Verteidiger kann sich eigentlich nur befreien, wenn die Fesselung nicht echt ist und somit taktische Finessen eine Auflösung ermöglichen. Auch dies wird ein Beispiel belegen, aber wenden wir uns zuerst zwei unterschiedlich komplizierten Positionen zu, wo die Fesselung das gewünschte Ergebnis zur Folge hat.

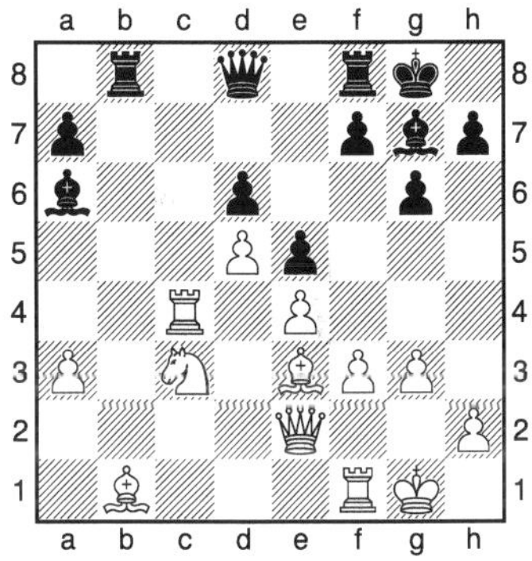

Stellung 41

Hervorgegangen aus einem taktischen Scharmützel, musste Weiß in der Partie **Groszpeter – Vogt**, Trnava 1983, eine unangenehme Diagonalfesselung in Kauf nehmen. Da aber 1... Tc8? 2. Txc8 Dxc8 3. Sb5, gefolgt von a4, für Schwarz nicht spielbar ist, war der Anziehende guter Hoffnung, die Fesselung unbeschadet zu überstehen.

1... Dd8-a5 zeigt, dass die Probleme erst begonnen haben. 2. Tf1-c1 (Weiß muss die Drohung 2... Lxc4 3. Dxc4 Tfc8 parieren, kann aber nach 2. Ld2 Tbc8 3. Txc8 Lxe2 4. Txf8+ Lxf8 bzw. 3. Ld3 Lxc4 4. Lxc4 Dc5+ Materialverlust nicht vermeiden.) 2... La6xc4 tauscht die Diagonalfesselung gegen eine Fesselung in der c-Linie ein.

3. De2xc4 Tf8-c8 4. Dc4-d3 Tb8-b3

Es kommt noch eine Fesselung auf der 3. Reihe hinzu. 5. Le3-d2 Da5xa3 6. Kg1-g2 (Nach 6. Tc2 Dc5+ 7. Kg2 Txb1 geht es schneller zu Ende.) 6... Da3xc1 Die Ernte beginnt! 7. Ld2xc1 Tb3xc3 8. Dd3-a6 Tc3xc1 9. Lb1-d3 Tc8-c3 10. Kg2-h3 h7-h5 11. Ld3-e2 Tc3-c2 12. Da6-b5 Tc2-d2 13. Db5-e8+ Kg8-h7 14. De8xf7 Td2xe2 15. Df7-e7 Tc1-h1, und die Türme haben den weißen König schnell ins Mattnetz getrieben.

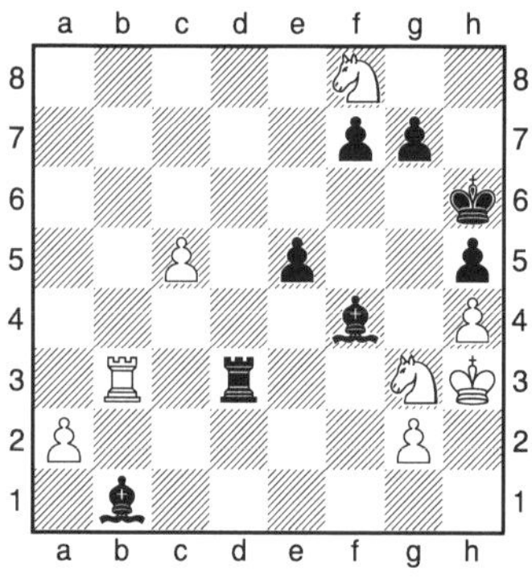

Stellung 42

Schwarz steht mit dem Läuferpaar gegen zwei schlecht postierte Springer in der Partie **Dolmadshan – Antonow**, Bulgarien 1978, deutlich besser. Aber wie ist der Vorteil schnell zu realisieren, zumal der weiße Freibauer auf c5 beachtet werden muss?

Der Nachziehende löst das Problem, indem er den weißen Turm in eine Fesselung zwingt, aus der es kein Entrinnen mehr gibt:

1... Td3xg3+ 2. Tb3xg3 Lb1-f5+ 3. Kh3-h2 g7-g5 4. h4xg5+ Kh6-g7, und Schwarz gewinnt Springer und Turm.

Das ist natürlich viel einfacher zu überschauen als unser vorangegangenes Beispiel. Hier musste nur die Idee gefunden werden, wonach die Berechnung kein Problem darstellte.

Einem Trugschluss unterlag Schwarz in der Partie **Richter – Prof. Naegeli**, Schach-Olympiade München 1936.

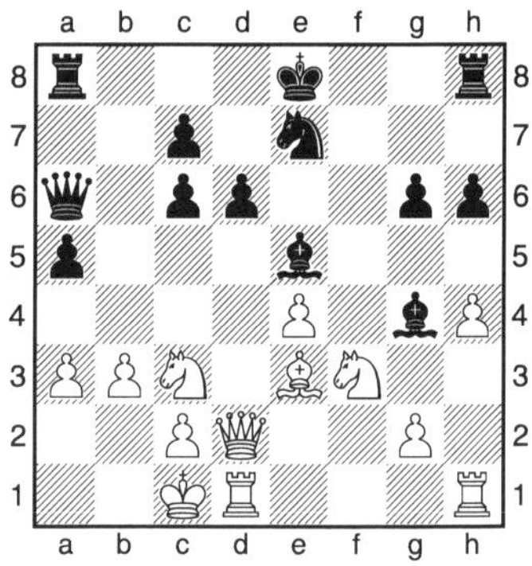

Stellung 43

Mit dem König in der Mitte muss Schwarz darauf bedacht sein, das Zentrum geschlossen zu halten, wobei seine Chancen durch die geschwächte weiße Königsstellung nicht schlechter sein sollten. Schwarz glaubte, durch die Fesselung des weißen Springers (Le6-g4) den Stützpunkt e5 vorerst halten zu können.

Eine böse Überraschung leitet den Schlussangriff ein: 1. Sf3xe5! Der Qualitätsverlust ist unwichtig, da der schwarze König nicht mehr zur Ruhe kommt. 1... Lg4xd1 2. Th1xd1 d6xe5 3. Dd2-d7+ Ke8-f7 4. Dd7xc7 Th8-h7 5. Dc7xe5 Mit zwei Bauern für die Qualität und einem schwarzen König, der seine Mitstreiter nicht mehr zu koordinieren vermag, steht Weiß auf Gewinn. 5... Ta8-e8 6. h4-h5 Da6-c8 7. Td1-d6 g6-g5 8. Td6-f6+ Kf7-g8 9. Le3-d4 Dc8-d7 10. Tf6xh6 Se7-f5 11. De5-h8+. Schwarz gab auf, ohne sich 11... Txh8 12. Txh8+ Kf7 13. Th7+ Ke6 14. exf5+ Kd6 15. Txd7+ Kxd7 16. h6 Te7 17. Lg7 zeigen zu lassen.

Wir konnten deutlich erkennen, wie unangenehm eine echte Fesselung ist und werden auf der Hut sein. Nur der ungetrübte Blick für die Taktik kann zuweilen noch einen Ausweg bieten und die Unglücksfigur vom Druck der Fesselung befreien.

Achte auf Zwischenzüge!

Wer hat es noch nicht erlebt: Man findet eine schöne Variante, oft verknüpft mit einem Opfer, und wenn sie dann auf dem Brett ausgeführt wird, zerstört der Gegner mit einem Zwischenzug den ganzen Plan!

Das Zwischenschach als besondere Form des Zwischenzuges wurde schon im Kapitel 'Beachte jedes Schachgebot!' untersucht. Oft ist es nur eine Frage der Konzentration, ein Zwischenschach zu entdecken.

Tückischer sind jedoch Zwischenzüge ohne Schach und zwar besonders dann, wenn man gerade selbst eine Angriffsaktion durchführt. Ein Abtausch ist meist eine runde Sache. Ich schlage etwas, der Gegner schlägt zurück. Danach ist das oft so wichtige Zugrecht wieder auf meiner Seite. Man sollte jedoch nie vergessen, dass das Wiederschlagen keine Pflicht ist.

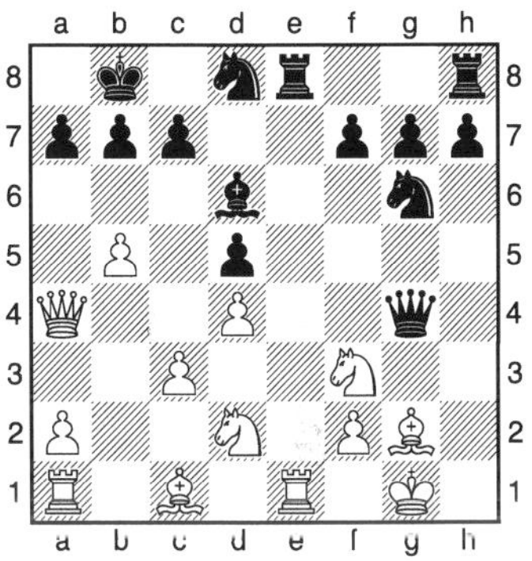

Stellung 44

Weiß setzte hier mit 1. Te1xe8?! (1. Sf1) fort und wurde durch 1... Sg6-f4! überrascht. Nach 2. Te8xd8+ Th8xd8 hatte Schwarz bereits zwei Figuren weniger. Es folgte 3. Sf3-e1 Sf4-e2+! 4. Kg1-f1 Se2xc3, und nun zeigte sich der Clou der Kombination: Schwarz gewinnt mit Schach (5... De2+ 6... Dxe1+) den Springer auf e1 und kann dann seinen Angriff fortsetzen.

So wie das Wiederschlagen keine Pflicht ist, muss man auch bei einem Angriff auf eine gegnerische Figur damit rechnen, dass der Gegner diesen Angriff ignoriert. Eine Ausnahme stellt der Angriff auf den König dar, d.h. auf ein Schachgebot muss der Gegner natürlich reagieren. Aber schon eine Bedrohung der Dame kann mit einem Gegenangriff beantwortet werden.

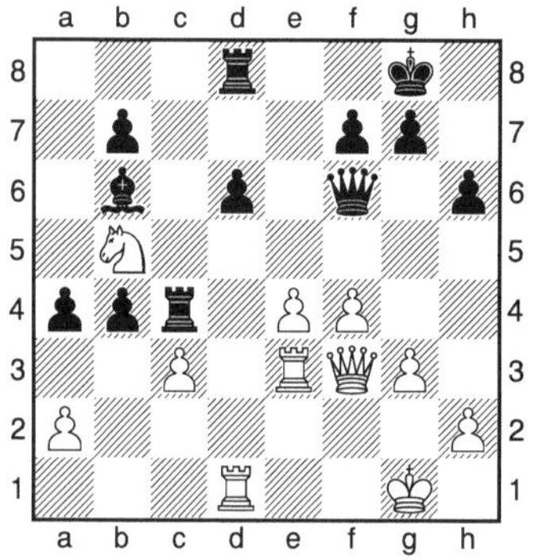

Stellung 45

Noch eine Partie aus dem WM-Match **Lasker – Tarrasch** von 1908. Tarrasch, mit Weiß spielend, startete eine kleine Kombination:

1. Td1xd6 Td8xd6

Das Wiederschlagen ist erzwungen.

2. e4-e5

Auf einen direkten Angriff auf eine Figur kann man häufig reagieren, indem man eine Figur von gleichem oder höheren Wert angreift. Hier käme also nur ein Gegenangriff auf die weiße Dame in Frage. Aber den scheint es ja nicht zu geben. Und doch

2. ... Tc4xf4!!

Es war natürlich schwer, diesen Zug vorherzusehen. Weiß gewinnt zwar den Turm zurück, ist aber in allen Varianten mit wenigstens einem Bauern im Nachteil, z.B. 3. exf6 Txf3 4. Txf3 Td5.

3. g3xf4 Df6-g6+

Dieses Zwischenschach macht ein wichtiges Element der schwarzen Gegenkombination aus.

4. Kg1-h1 Dg6-b1+

5. Kh1-g2 Td6-d2+

und Schwarz gewann.

Gewiss ist dies ein recht schwieriges Beispiel, zumal die Fehlkombination von Tarrasch schon vor 1. Txd6 begann. Doch sollte es uns lehren, bei längerzügigen Aktionen stets auf Zwischenzüge des Gegners zu achten.

Beachte jedes Schachgebot!

Dieser Rat klingt banal. Keinesfalls soll damit das scherzhafte Motto 'Versäume nie ein Schach, es könnte Matt sein!' unterstützt werden. Doch wie viele Kombinationen beginnen mit einem Schachgebot oder enthalten zumindest eins in den Varianten.

Was ist das Besondere an einem Schach? Diese Frage ist einfach zu beantworten. Während man im Allgemeinen zwischen einer Vielzahl Zügen wählen kann, ist die Auswahl nach einem Schachgebot stark eingeschränkt. Damit wird ein Element der Zwangsläufigkeit in die Partie gebracht. Wenn der Gegner nur Zwangszüge machen kann, behält man gewissermaßen stets das Zugrecht. Damit kann dem Gegner eine bestimmte Variante aufgezwungen werden.

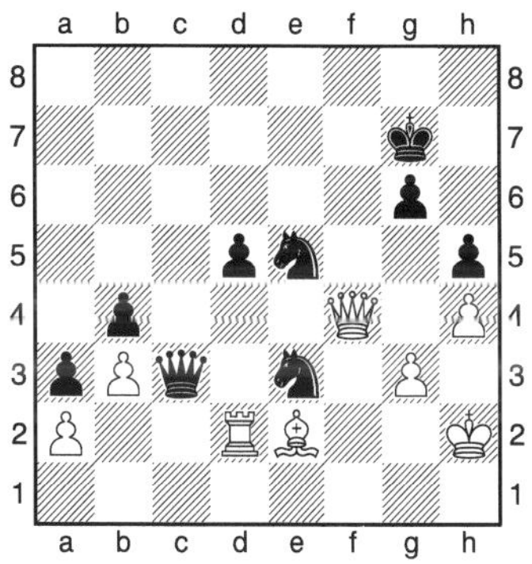

Stellung 46

Weiß wollte hier die Lage mit 1. Df4-d4? klären und beachtete dabei nicht jedes Schachgebot. Nach 1... Se3-f1+! 2. Le2xf1 Dc3xd2+! 3. Dd4xd2 Se5-f3+ 4. Kh2-h3 Sf3xd2 stand er auf Verlust.

Ein überraschendes Schach war somit die Einleitung zu einer kleinen Kombination. Das Element der Zwangsläufigkeit war hier gut zu erkennen.

Das Zwischenschach als besondere Form des Schachgebotes begegnet uns sowohl im Angriff als auch in der Verteidigung. Im einen Fall schaltet der Angreifer eine sonst mögliche Verteidigung aus, im anderen kann der Verteidiger mit Hilfe eines Zwischenschachs ein Loch in der Kombination des Gegners nachweisen.

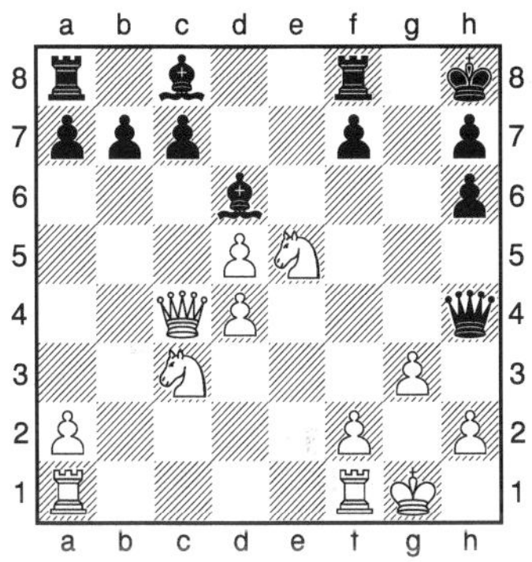

Stellung 47

Riesengroß war das Loch in der mit 1... Lc8-h3? eingeleiteten Kombination. Natürlich ließ sich Weiß nicht durch 2. gxh4 Tg8+ mattsetzen. Das Zwischenschach 2. Se5-g6+! zwang Schwarz zur Aufgabe, denn im nächsten Zug würde 3. gxh4 folgen.

Dass nicht jedes Zwischenschach gut ist, zeigt die folgende Partie.

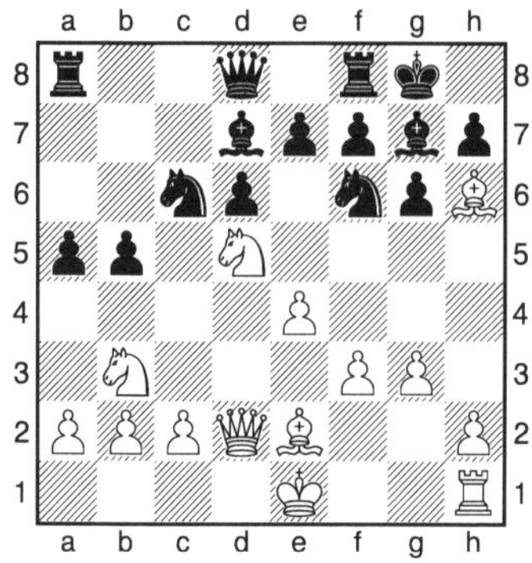

Stellung 48

Schwarz spielte 1... Lg7xh6, und Weiß glaubte nun, mit dem Zwischenzug 2. Sd5xf6+ dem Gegner erst mal einen Doppelbauern verpassen zu können. Doch nach 2... Kg8-g7! musste er den Verlust einer Figur registrieren.

Beachte jeden Springerzug!

Wie bereits an anderer Stelle festgestellt wurde, unterscheidet sich ein zentral etablierter Springer in seiner Wirkung beträchtlich von einem Randspringer. So wird man immer bestrebt sein, dem Springer einen Posten zu verschaffen, wo er optimal Felder kontrolliert und die gegnerischen Kräfte beunruhigt. Der große Respekt, mit dem viele Spieler dieser Figur begegnen, entspringt seiner unkonventionellen Gangart. Da gibt es Springergabeln, tödliche Abzugsschachs und vieles mehr zu beachten, taucht ein gegnerischer Springer erst einmal in der Nähe der eigenen Streitkräfte auf. Mit jeder Positionsverschiebung müssen besonders die veränderten Möglichkeiten der Springer neu betrachtet und überprüft werden.

Unter Zeitbedrängnis wird ein Springer im feindlichen Lager zur Macht. Den vielen Drohungen kann nicht mehr die nötige Aufmerksamkeit entgegengebracht werden, und schon entscheidet der Springer die Partie. Dies kommt in der Praxis häufig vor, so geschehen auch in der Partie **Karpow – Taimanow**, Leningrad 1977.

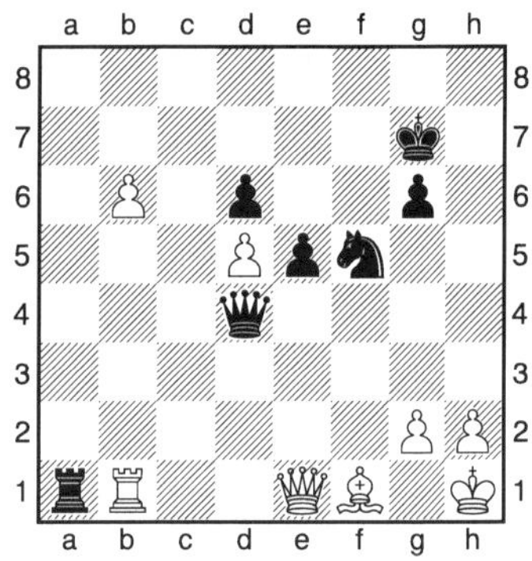

Stellung 49

Karpow, dem wenig Zeit auf seiner Uhr verblieben war, hatte sich für diese passive Position entschieden, wobei der damalige Weltmeister keine direkte Drohung entdecken konnte. Die erste Reihe ist gesichert, und so sollte der b-Bauer in Ruhe die Entscheidung herbeiführen. Für den Gegner scheint demnach guter Rat teuer zu sein.

Wenn man sich jedoch genauer in die Stellung vertieft, wird ein Trumpf Taimanows sichtbar: Könnte er die h-Linie öffnen, würde der eingeklemmte weiße König Probleme bekommen. Die Frage ist nur: wie? – Des Rätsels Lösung ist ebenso einfach wie verblüffend:

1... Sf5-g3+ brachte schon die Entscheidung, denn 2. hxg3 Ta8 führt unweigerlich zum Matt.

Ganz verwirrend wird es, wenn sich zwei Springer in der gegnerischen Stellung bewegen. Die vielen taktischen Möglichkeiten, allen voran Springergabeln, sind kaum zu neutralisieren.

Die Partie **Beljawski – Vogt**, Cienfuegos 1976, ist dafür praktischer Anschauungsunterricht.

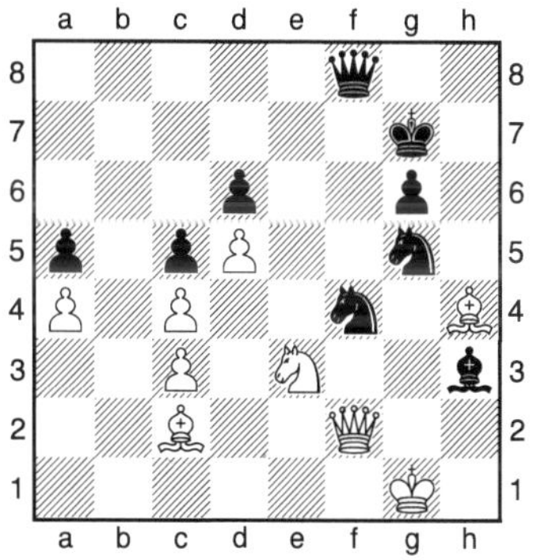

Stellung 50

1... Lh3-g2! Den Drohungen Sf3+ und Sh3+ kann nur mit einem Königszug begegnet werden.

2. Kg1-h2 Sg5-f3+ 3. Kh2-g3 Sf4-h3! Die Springer treiben ein verwirrendes Spiel und ermöglichen auch noch das Eingreifen der schwarzen Dame. Es scheitert sowohl 4. Dxg2 Df4+ 5. Kxh3 Dxh4+ als auch 4. De2 Df4+ 5. Kxg2 Dh2+ 6. Kxf3 Sg1+.

Beljawski versuchte seinerseits, mit seinem Springer Schlimmeres zu verhüten, aber die resultierende Materialbilanz war negativ:

4. Se3-f5+ Df8xf5 5. Lc2xf5 Sh3xf2 6. Lh4-d8 Lg2-h1 7. Lf5-c2 Sf3-e1

Schwarz löste die technischen Probleme und gewann schnell.

Eine ganz starke Waffe ist das Abzugsschach mit einem Springer, welches die Partie **Grünberg – Uhlmann**, Gröditz 1976, sofort entschieden hätte.

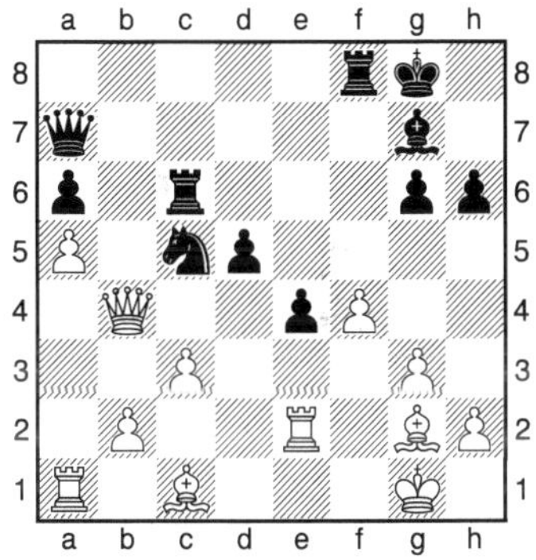

Stellung 51

Uhlmann konnte sich in dieser Stellung nicht zu 1... Sc5-d3+ entschließen, da er die Folgen falsch einkalkulierte.

2. Lc1-e3 Da7xe3+! 3. Te2xe3 Sd3xb4 4. c3xb4 Lg7-d4 5. Ta1-e1 Tc6-c1

hätte den sofortigen schwarzen Sieg bedeutet.

Einer indirekten Fesselung, welche der Springer für den entscheidenden Angriff ausnützt, begegnen wir in der Partie **Vidmar – Nimzowitsch**, Semmering 1926.

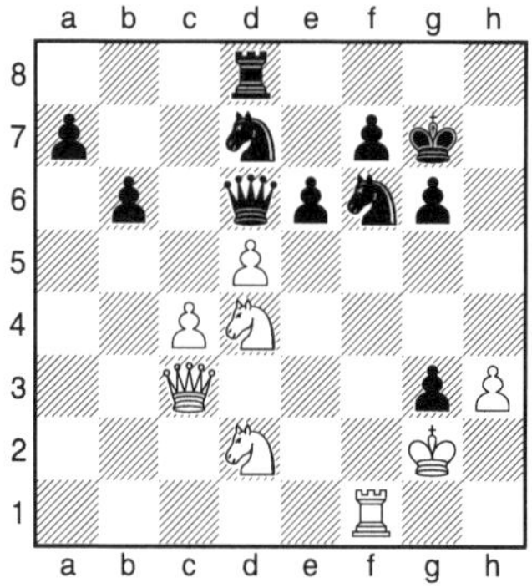

Stellung 52

1. Sd2-e4! war sicher ein überraschender Schlag, möglich dadurch, dass 1... Sxe4 2. Sf5++ zum Matt führt und 1... Df8 nach 2. Sxf6 Sxf6 3. Sxe6+ schnell verliert. So entschied sich Schwarz schweren Herzens für 1... Dd6-c7 2. Se4xf6 Sd7xf6 3. Sd4-b5 Dc7-e7 4. d5-d6 und konnte an dieser Stelle auch schon die Waffen strecken.

Eine Sperre, ausgelöst durch einen Springer, ist die letzte Demonstration zu diesem Thema. Es könnten noch eine Reihe anderer Motive durch Beispiele belegt werden, die zeigen, dass dem Springer entscheidende Bedeutung zukommt. Die vorgestellten Partiefragmente sollten dies jedoch überzeugend verdeutlicht haben.

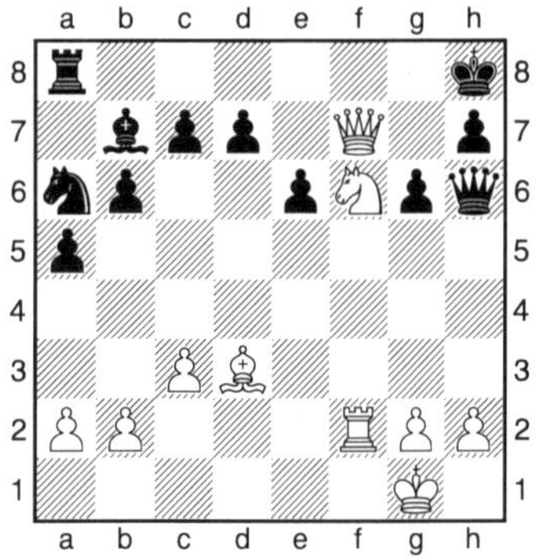

Stellung 53

In der Partie **Richter – Dr. Thelen,** Brandenburgische Meisterschaft 1923, hatte Schwarz seine Verteidigungsfiguren offensichtlich auf dem falschen Flügel postiert. So musste Weiß nur noch mit 1. Sf6-e8! die 8. Reihe für den schwarzen Turm sperren, und das Matt war nicht mehr zu verhindern.

Es kommt nicht darauf an, nach dem besten Zug zu suchen, sondern nach einem vernünftigen Plan zu spielen!

Auf Grund all dieser Beispiele kommen wir zu dem Schluss, dass unser Spiel sich auf die Stellungsanalyse gründen muss, aus der wir erst die Richtlinien für unser weiteres Vorgehen gewinnen. Es kommt also nicht darauf an, einen mehr oder weniger guten Zug zu finden, wie der Anfänger irrtümlich meint. Der einzelne Zug hat gar keine besondere Bedeutung. Diese erhält er erst im Zusammenhang mit den anderen Zügen.

Wir müssen vielmehr stets ein bestimmtes Ziel vor Augen haben, das wir erreichen wollen, und im Hinblick auf dieses Ziel treffen wir unsere Wahl.

Unser Spiel soll sich nicht aus einzelnen Zügen, sondern aus Zugfolgen zusammensetzen, die dem strategischen Plan untergeordnet und angepasst sind.

Wie oft zerbrechen sich die Spieler den Kopf, um den besten Zug, den Gewinnzug, zu finden. Umsonst! Denn sie lassen die Beziehungen zu dem Vorangegangenen und dem Folgenden außer Acht. Hat man aber einen festen Plan, so ist es meist nicht schwer, jeweils den für dessen Umsetzung geeignetsten Zug zu finden. Das ist genau wie bei einer Diskussion: Wer nicht eine bestimmte, feste Einstellung zum behandelten Thema hat, plappert drauflos, macht wohl auch hier und da kluge Bemerkungen, aber ihnen fehlt die Durchschlagskraft, da sie zu keinem Ergebnis führen. Wer aber weiß was er will, wird mit seinen Ausführungen den Nagel auf den Kopf treffen, und er wird schon die richtigen Worte finden, seinen Standpunkt zu verteidigen.

Ebenso im Schach: Es mag in einer Stellung mehrere gut spielbare Züge geben, es ist aber der zu wählen, der unseren einmal gefassten Plan weiterführt, so dass sich unser Spiel in logischem Aufbau entfaltet.

Natürlich kann man nicht gleich zu Beginn der Partie einen detailliert aufgebauten Plan entwickeln, aber man kann sich schon grob die Richtlinien überlegen, nach denen man vorgehen will. Mit jedem weiteren Zug muss dann der Plan festere Gestalt annehmen. Je nach dem in Aussicht genommenen Kampfplatz wird man die Figurenentwicklung einrichten. Man wird versuchen, zum Angriff zu kommen oder die feindlichen Absichten möglichst zu durchkreuzen. Wie auch immer, stets sollten die Züge in einem organischen Zusammenhang stehen.

Bekanntlich mutet der erste Zug der Aljechin-Verteidigung 1. e2-e4 Sg8-f6 etwas eigentümlich an. Als Zug an sich betrachtet, erscheint er nicht nur seltsam, sondern sogar schwach, denn Weiß kann durch den Vorstoß der Mittelbauern den Springer über das ganze Brett treiben, bis er endlich auf b6 einen Ruheplatz findet:

1.	**e2-e4**	**Sg8-f6**
2.	**e4-e5**	**Sf6-d5**
3.	**c2-c4**	**Sd5-b6**
4.	**d2-d4**	

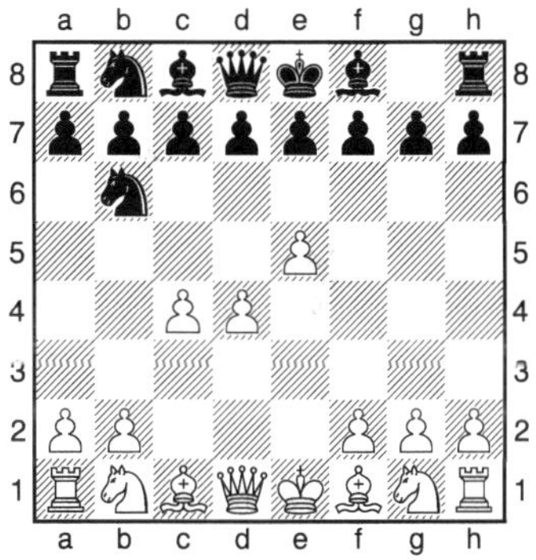

Stellung 54

Bei flüchtiger Betrachtung scheint es, als ob Schwarz ein sehr schlechtes Spiel hat, denn nur eine Figur ist entwickelt, die zudem in 3 Zügen auf einem ungünstigen Feld gelandet ist. Weiß hat hingegen seine Mittelbauern entwickelt und beherrscht das Zentrum.

Es liegt aber eine tiefere Idee in dieser Verteidigung, auf Grund deren wir unser erstes Urteil werden revidieren müssen. Der Plan von Schwarz besteht gerade darin, die weißen Bauern in dieser Weise vorzulocken. Weiß muss nun seine Figuren hinter der Bauernfront entwickeln, während Schwarz sie davor aufstellt, wo sie weitaus stärker wirken. Außerdem kann Schwarz mit seinen noch nicht gezogenen Bauern die weißen angreifen und so das Zentrum erschüttern.

Dazu bietet sich umgehend Gelegenheit mit 4... d7-d6. Will Weiß seine Zentrumsstellung behaupten, so ist er zu der Antwort 5. f2-f4 gezwungen. Aber dann greift Schwarz nach 5... d6xe5 6. f4xe5 erneut das Zentrum an durch 6... Sb8-c6, womit er gleichzeitig eine Figur entwickelt. Wenn Weiß nun seinen Damenbauern mit 7. Sg1-f3 deckt, so fesselt Schwarz den Springer durch 7... Lc8-g4 und entwickelt wieder eine Figur ohne Zeitverlust. Auf 7. Lc1-e3 aber antwortet Schwarz 7... Lc8-f5 und droht gleichzeitig, mit Sc6-b4 nebst c7-c5 das Zentrum nochmals anzugreifen.

Man sieht also, es bestimmen tief greifende Überlegungen diesen merkwürdigen Zug 1... Sg8-f6, der als Zug an sich uns gar nicht interessieren würde. Es ist vielmehr die hiermit eingeleitete Folge von Zügen, von denen sich jeder einzelne logisch an die vorhergehenden anschließt und die alle der zugrunde liegenden Verteidigungsidee dienen, die den Wert des Zuges 1... Sg8-f6 ausmacht.

Ein guter Zug zeichnet sich stets dadurch aus, dass sich an ihn eine Reihe weiterer Züge logisch anfügt, von denen jeder die mit dem ersten Zug eingeleiteten Drohungen kontinuierlich verschärft.

Dies gilt allerdings für alle Eröffnungen; denn, wie gesagt, darf man die Eröffnungszüge nicht automatisch, ohne nachzudenken, ausführen. In mühsamer Forschungsarbeit ermitteln große Meister mit langjähriger Erfahrung die besten Züge, und wie oft werden diese Züge blindlings nachgezogen, ohne dass auch nur der Versuch gemacht wird, die übergeordnete Idee und den wechselseitigen Zusammenhang zu erfassen!

Man muss über jeden Zug wirklich nachdenken, und nicht nur über den einzelnen, sondern vor allem über die ganze mit ihm verbundene Zugfolge. Nur so kann ein logisches Ganzes entstehen. Das kann nicht oft genug betont werden!
Eine Reihe von zusammenhanglosen Zügen bedeutet meist nichts anderes als einen Schlag ins Wasser.

Lass auch die kleinsten Einzelheiten nicht unbeachtet, denn nur so kannst du den Inhalt der Position vollständig erfassen!

Im Damengambit erhalten wir nach den Zügen 1. d2-d4 d7-d5 2. c2-c4 c7-c6 3. e2-e3 e7-e6 4. Sb1-c3 Sg8-f6 5.

Sg1-f3 Sb8-d7 6. Lf1-d3 Lf8-d6 7. 0-0 0-0 die Stellung 55:

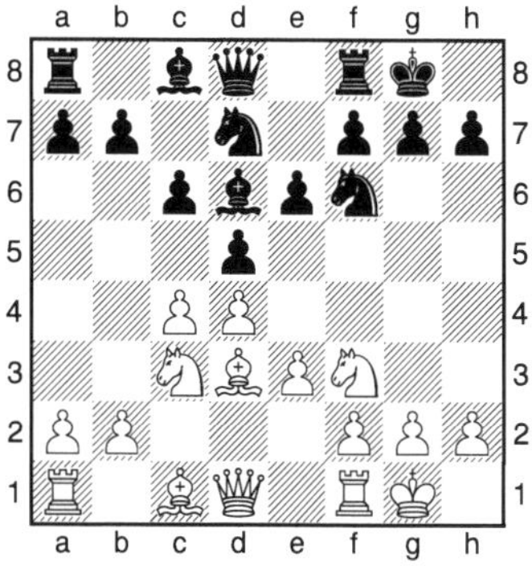

Stellung 55

Die Analyse ist hier nicht schwierig. Der einzige Unterschied beider Aufstellungen besteht darin, dass der weiße c-Bauer auf c4, der schwarze nur auf c6 steht und dass der weiße Springer nach c3, der schwarze nach d7 entwickelt wurde. Dieser Unterschied ist zu gering, als dass wir darauf schon einen genauen strategischen Plan gründen könnten.

Im Allgemeinen aber ist die Verschiedenheit der Stellung hinreichend, um einen festen Plan fassen zu können. Wenn das wie hier nicht der Fall ist, so wird uns die Analyse doch Richtlinien geben. Wir sehen vor allem, dass unser Damenläufer noch unentwickelt ist. Da wir noch keinen Angriffsplan entwickeln können, werden wir unser Augenmerk darauf richten, wie wir diesen Läufer ins Spiel bringen können. Damit verbinden wir außerdem noch unsere Türme.

Die Frage ist nun: Wie und wohin entwickeln wir diese Figur? Dafür kommen nur zwei Möglichkeiten in Betracht. Entweder wir spielen e4 und setzen den Läufer nach f4 oder g5, oder aber wir ziehen b3 nebst Lb2. Wir haben uns zu entscheiden, was besser ist, bzw. was wir vorziehen. Dazu müssen wir uns im Voraus überlegen, wie die Sache in beiden Fällen weitergehen wird.

Es kann nicht oft genug wiederholt werden, dass ein guter Zug eine ganze Reihe logisch sich anknüpfender Folgezüge bedingen muss. Steht er mit den folgenden Zügen in keiner engeren Beziehung, so ist er nutzlos. Bringt man z.B. eine Figur auf ein Feld, wo sie gut steht und vielleicht eine Linie oder Diagonale beherrscht, so ist das nur zweckmäßig, wenn man damit anschließend etwas bewirken kann, wenn sich dieser Zug in einen übergeordneten Plan einfügt.

So muss man sich auch in der obigen Stellung fragen und überlegen, wie man den Kampf fortsetzen will, um danach die Wahl zwischen den beiden angegebenen Möglichkeiten zu treffen. Wir wollen beide ein wenig näher betrachten.

a) Ist es unsere Absicht, den Läufer nach g5 zu entwickeln, so machen wir den vorbereitenden Zug 8. e3-e4, und indem wir für den Augenblick einmal zurückstellen, wie der Gegner darauf reagieren, wie er unsere Absichten durchkreuzen könnte, machen wir uns in Gedanken ein Bild von der anschließenden Zugfolge und von der Stellung, die entsteht, wenn uns der Gegner nicht dazwischenfunkt. Zunächst bemerken wir, dass mit e3-e4 und e4-e5 der Sf6 vertrieben wird, so dass der Bh7 nur noch vom König gedeckt ist. Weiter muss Schwarz darauf bedacht sein, dass er nicht durch die Bauerngabel e5 eine Figur (Ld6 bzw. Sf6) verliert. Der Sf6 ist nach Lg5 wiederum durch e5 bedroht, weil er dann gefesselt ist. Wir überlegen uns also in Gedanken die Zugfolge 8. e4 9. Lg5 10. e5 11. Lc2 12. Dd3 13. Tae1. Damit wäre unsere Entwicklung beendet und der Angriff in vollem Gange. So würde etwa die nachstehende Stellung resultieren:

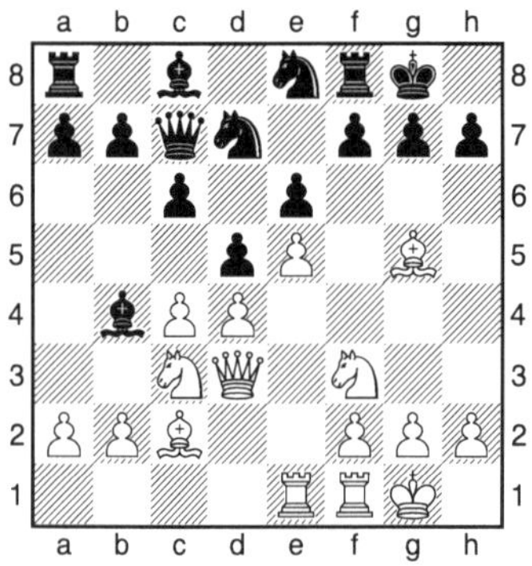

Stellung 56

Was sich in Wirklichkeit ereignen kann, dafür werden wir später ein Beispiel kennen lernen (Stellung 61).

b) Wir wollen nun sehen, wie es mit der Entwicklung des Läufers nach b2 bestellt ist. Nach b3 und Lb2 hat der Läufer zunächst nur einen geringen Aktionsradius, weil die große Diagonale, auf der er steht, durch den Bd4 blockiert ist.

Also müssen wir bestrebt sein, dem Lb2 eine größere Wirkung auf seiner Diagonale zu verschaffen, und das erreichen wir, indem wir unseren Springer auf e5 postieren (nachdem wir die Diagonale durch Sc3-e2 freigemacht haben). Denn nun unterstützt der Lb2 die starke Stellung Se5. Dieser Springer kann weiter gestützt werden durch f4, wonach wir mit Sg3, Df3 und Tae1 wiederum unsere Entwicklung beenden.

Aber das Resultat dieses Aufbaus, das die Stellung 57 veranschaulicht, unterscheidet sich wesentlich von dem in Stellung 56 und führt zu einer ganz anderen Angriffsformation.

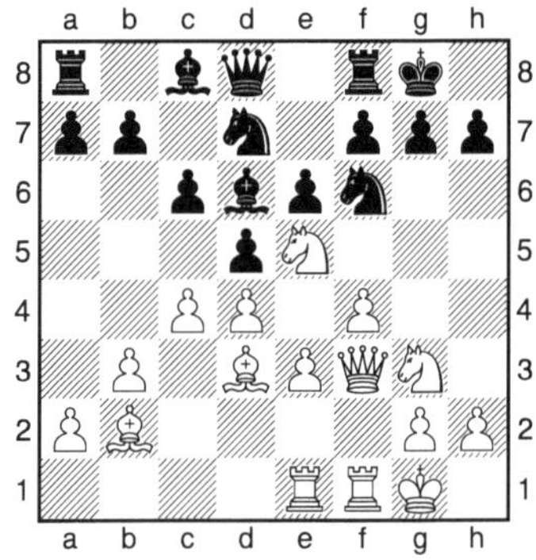

Stellung 57

Geradezu kläglich aber wirkt es, wenn ein Spieler diese beiden Pläne miteinander vermischt und teils Züge macht, die dem ersten Plan entsprechen, teils solche, die zum zweiten gehören.

Denke nicht zu viel darüber nach, was der Gegner tun könnte, sondern verschaffe dir vor allem Klarheit über deine eigenen Züge!

Bisher haben wir ganz unberücksichtigt gelassen, was unser Gegner inzwischen tun könnte, und dies mit voller Absicht! Denn wir müssen uns zuallererst über unseren allgemeinen strategischen Plan im Klaren sein.

Haben wir die Initiative – und Weiß hat diese ja vorerst aufgrund des Anzugsvorteils – so müssen wir danach trachten, sie festzuhalten. Wir müssen uns einen Plan zurechtlegen, der der jeweiligen Stellung angemessen ist, zunächst unabhängig davon, wie weit der Gegner ihn durch Verteidigungs- oder Angriffszüge stören kann. Er soll vielmehr nach unserer Pfeife tanzen.

Wenn wir nur immer darüber grübeln, was der Gegner wohl drohen könnte, geht der Siegeswille bald verloren, die Initiative entgleitet unseren Händen. Der Gegenspieler wird dann die Partie diktieren, und wir können von Glück sagen, wenn wir die Partie gerade noch halten. Hat andererseits der Gegner die Initiative, z.B. wenn man selbst Schwarz hat, so muss man natürlich sorgfältig auf dessen Züge achten, damit man die unmittelbaren Drohungen erkennt und den feindlichen Plan durchschaut. Immer aber wird man sein Augenmerk darauf richten, jede Chance zu ergreifen, um dem Gegner die Initiative zu entreißen.

Kehren wir zu Stellung 55 zurück!

Die für Weiß angestellten Überlegungen gelten in derselben Weise für Schwarz; denn beide Stellungen sind ja nahezu identisch. Schwarz kann also ebenfalls seinen Damenläufer auf zwei Arten entwickeln, nach b7 oder nach g4. Für das eine oder andere muss er sich entscheiden, weil die Entwicklung dieses Läufers das Hauptproblem ist. Hier kommt nun der kleine Unterschied zwischen beiden Stellungen zur Geltung. Wird der schwarze Läufer nach b7 entwickelt, so ist ihm die große Diagonale durch zwei Bauern verstellt, durch Bc6 und Bd5. Demzufolge ist seine Wirkung dort für längere Zeit beträchtlich eingeschränkt. Schwarz wird deshalb besser daran tun, die Entwicklung des Läufers nach g4 durch e6-e5 vorzubereiten.

Verliere nicht das Vertrauen in deine Urteilskraft!

Das ist eine wichtige Mahnung! Nehmen wir an, Weiß habe sich im obigen Fall für die Entwicklung seines Damenläufers nach g5 entschieden und ziehe daraufhin 8. e3-e4. Nun möge Schwarz b6 nebst Lb7 spielen und seinen Läufer auf die große Diagonale bringen. Dies mag bei manchem Weißspieler eine ängstliche Reaktion auslösen. In Gedanken sieht er sich schon einem feindlichen Mattangriff auf der großen Diagonale ausgesetzt und verliert das Vertrauen zu seinem ursprünglichen Entwicklungsplan. Das ist aber töricht! Die Stellungen sind ja beinahe identisch, so dass alles, was für den einen gut ist, auch für den anderen spielbar ist. Weiß hat den Plan, den Läufer durch e3-e4 zu entwickeln, für den besseren gehalten; er erschien ihm aussichtsreicher. Dann sollte er auch zu seiner Überzeugung stehen und nicht den Mut verlieren, wenn er bemerkt, dass der Gegner gerade die Alternative wählt, die er nach reiflicher Überlegung verworfen hat.

Optimismus ist gewiss ein wichtiger Faktor beim Schach, aber Selbstvertrauen ist unbedingt erforderlich! Ohne Selbstvertrauen sind wirkliche Erfolge nicht denkbar.

Jetzt wollen wir einmal annehmen, dass sich in Stellung 55 beide Gegner entschlossen haben, den Damenläufer durch e3-e4 bzw. e6-e5 zu entwickeln. Weiß am Zuge spielt also 8. e3-e4.

Da sieht Schwarz auf einmal, dass Figurenverlust durch e4-e5 droht, und diese Drohung muss zunächst pariert werden. Aber wie? Offensichtlich leistet dies das nahe liegende 8... d5xe4, und wenn Schwarz sich nur um die Abwehr der Bauerngabel zu kümmern hätte, so würde er fraglos diesen Zug machen. Aber er muss sich auch überlegen, welche Tragweite 8... dxe4 für sein eigenes Problem der Läuferentwicklung hat. Wie wird dieses dadurch beeinflusst?

Nach 8... d5xe4 9. Sc3xe4 Sf6xe4 10. Ld3xe4 e6-e5 11. d4xe5 Sd7xe5 12. Sf3xe5 Ld6xe5 13. Le4xh7+ Kg8xh7 14. Dd1-h5+ nebst 15. Dh5xe5 hat Weiß einen Bauern gewonnen. Wenn also Schwarz mit 8... d5xe4 schlägt, so begibt er sich der Möglichkeit, seinerseits e6-e5 zu spielen. Das Problem, den Damenläufer in seinem Sinne zu entwickeln, bleibt ungelöst. Er muss deshalb nach einer anderen Abwehr der obigen Drohung suchen. Sollte es eine solche nicht geben, so müssten wir annehmen, dass vorher ein fehlerhafter Zug geschehen ist.

Bevor sich Schwarz jedoch dieser Auffassung anschließt, sollte er die Stellung sorgfältig daraufhin untersuchen, ob er der weißen Drohung nicht begegnen kann, ohne seinen eigenen Plan, zu e6-e5 zu kommen, aufzugeben. Er könnte natürlich den Springer oder Läufer wegziehen. Das würde aber den Verlust eines Tempos bedeuten, und zwar eines wichtigen Tempos, weil Weiß dann Gelegenheit zu dem Vorstoß e4-e5 hätte, und damit wäre der schwarze e-Bauer für immer gestoppt.

Schwarz muss deshalb irgendwie Zeit gewinnen und kann das auch tatsächlich mit 8... d5xc4!. Darauf muss Weiß 9. Ld3xc4 antworten, wodurch sein Läufer auf eine weniger wichtige Diagonale gerät. Nun hat Schwarz Zeit zu 9... e6-e5, und damit sind die Schwierigkeiten dieser Eröffnung überwunden.

Lass auch in den kompliziertesten Stellungen deinen strategischen Plan nicht aus dem Auge!

Diese Mahnung ist sehr zu beherzigen. Wie heftig man auch bedrängt wird, niemals darf man seinen allgemeinen Plan, den man sich zurechtgelegt hat, außer Acht lassen.

Wenn Schwarz in dem oben behandelten Beispiel den Kopf verliert und nicht an seinem ursprünglichen Ziel, den Damenläufer durch e6-e5 zu entwickeln, festhält, gerät er in eine missliche Lage. Und das ist der Fehler vieler schwächerer Spieler. Angesichts einer ernstlichen feindlichen Drohung begnügen sie sich damit, einen Zug zu finden, der die unmittelbare Gefahr beseitigt, ohne zu überlegen, wie ein solcher Zug sich in ihren eigenen Plan einfügt, ob er dessen weitere Durchführung nicht geradezu unterbindet. Sie vergessen in der Hitze des Gefechts, dass sie selbst auch einen Plan gefasst hatten, und vielleicht sogar einen sehr gesunden und gut durchführbaren. An diesen denken sie gar nicht mehr und geben damit möglicherweise alle Chancen aus der Hand. Wenn die unmittelbare Gefahr gebannt ist, möchten sie gern ihr eigenes Ziel weiter verfolgen, aber es ist dann meist zu spät. Sie mögen den feindlichen Angriff erfolgreich zurückgeschlagen haben, und doch sind sie verloren, weil sie durch Nichtbefolgung ihres eigenen Plans ihr Spiel preisgegeben haben.

Wir haben gesehen, welche wichtige Rolle der Damenläufer in der diskutierten Stellung spielt. Die ganze Eigenheit derselben beruht auf diesem Läufer. Haben wir uns also einmal dafür entschieden, ihn durch e4 bzw. e5 zu entwickeln, so müssen wir diesen Plan durchzusetzen trachten – auf Biegen oder Brechen!

Befehl, Gegenbefehl, Unordnung! Das ist – ebenso wie im Krieg – auch im Schach die schlechteste Taktik. Deshalb soll man unter allen Umständen bei dem einmal gefassten Plan bleiben, wie schwierig auch die Stellung sein mag! Nur die unabänderliche Notwendigkeit soll uns zwingen, davon abzuweichen.

Aber diesen Fall dürfen wir nicht zu leicht als gegeben ansehen. Wir würden damit zugeben, dass wir schon überspielt worden sind. Überzeugt uns eine sorgfältige Analyse, dass wir ebenso gut stehen wie der Gegner, so dürfen wir uns nicht zaghaft seinem Willen fügen! Es muss, wie in der obigen Stellung durchgeführt, ein Weg gesucht werden, der die feindliche Drohung pariert und zugleich den eigenen Plan fördert. Wenn man gar keinen bestimmten Plan hat, so ist man schon von vornherein verloren. Hat man aber einen solchen, so soll man sich nicht einschüchtern lassen.

Unser letztes Beispiel war der Eröffnung entnommen. Jetzt wollen wir ein anderes aus dem Mittelspiel behandeln, das ein wenig komplizierter ist als Stellung 26. Dort war die Sache sehr einfach, weil sich alles zwangsläufig abspielte.

In der Stellung 58 (aus einer Partie **Nimzowitsch – Capablanca**, New York 1927) hat Schwarz nach den Zügen 1. c4 Sf6 2. Sf3 e6 3. d4 d5 4. e3 Le7 5. Sbd2 0-0 6. Ld3 c5 7. dxc5 Sa6 8. 0-0 Sxe8 9. Le2 b6 10. cxd5 Sxd5 11. Sb3 Lb7 12. Sxc5 Lxc5 13. Da4 Vorteil an Zeit und Raum, denn er hat zwei Tempi gewonnen und beherrscht das Zentrum.

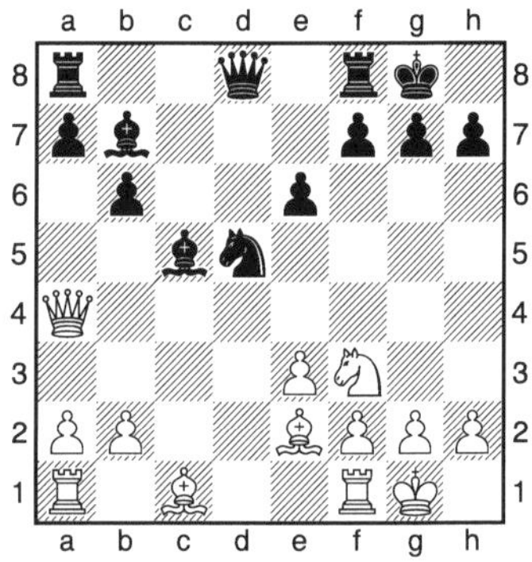

Stellung 58

Die Streitkräfte sind beiderseits gleich, und in der Bauernstellung ist keine Schwäche erkennbar. Die Überlegenheit von Schwarz beruht darauf, dass er alle Figuren, auch den Damenläufer, im Spiel hat bzw. leicht ins Spiel bringen kann, während der weiße Damenläufer noch unentwickelt ist und ohne Zeitverlust auch nicht entwickelt werden kann. Denn die Öffnung der Läuferdiagonale mit e3-e4 ist wegen der Schwächung des e-Bauern nicht gut spielbar.

Solange aber der Läufer nicht entwickelt ist, sind auch die weißen Türme nicht verbunden, so dass Schwarz de facto 3 Figuren mehr im Spiel hat als Weiß. Deshalb muss Weiß darauf hinarbeiten, seinen Damenläufer zu entwickeln und so die Türme zu verbinden. Das geht nur durch b3 nebst Lb2.

Währenddessen wird Schwarz natürlich alle möglichen Schwierigkeiten bereiten und jedes Tempo nutzen, um seine Figuren in dominierende Stellungen zu bringen. Denn wenn er nur passiv zuschaut und Weiß seinen Plan ungehindert durchführen lässt, würde sich seine jetzige Überlegenheit sehr bald verflüchtigen.

Hier sehen wir die besondere Eigenheit des Schachs: Ein umfassender Plan, der auf gründlicher Analyse der Stellung beruht, bestimmt unser ganzes weiteres Handeln. Aber nicht erst in der Hitze des Gefechts, wenn man von allen Seiten bedroht ist und die Lage kritisch wird, soll man sich diesen zurechtlegen, sondern bevor man sich auf Komplikationen einlässt. Z.B. beim Übergang von der Eröffnung zum Mittelspiel oder insbesondere auch, wenn das Endspiel einsetzt. Wir betonen „insbesondere", weil viele Spieler sich nicht bewusst sind, wie wichtig es ist, gerade zu Beginn des Endspiels einen gesunden, stellungsgemäßen Plan zu entwickeln.

Beim Übergang von der Eröffnung zum Mittelspiel sind die meisten Steine noch auf dem Brett. Komplikationen aller Art sind möglich, und der Spieler ist angesichts von Drohungen gezwungen, sich die Stellung mit einer gewissen Sorgfalt anzuschauen. Wenn jedoch die Aufregungen des Mittelspieles überstanden sind, wenn außer den Königen und den Bauern nur noch wenige Figuren verblieben sind, dann kommt man nicht umhin, eine erneute gründliche Analyse der nun vereinfachten Stellung vorzunehmen, um einen vernünftigen Plan für das Endspiel vorzubereiten. Ein unbedachter Zug kann sich hier viel leichter fatal auswirken als im Mittelspiel.

Doch wie oft beobachtet man, dass nach einem allgemeinen Abtausch der erstbeste Zug folgt, ohne dass ein logisch fest gefügter Plan dahintersteht. Das Resultat ist dann, dass in einer an sich ausgeglichenen Stellung der achtsamere Gegner, der sich die Position gründlich angesehen und sich einen klaren Weg zurechtgelegt hat, die Partie gewinnt, die eigentlich hätte unentschieden enden sollen.

Doch kehren wir zu Stellung 58 zurück. Schwarz ist am Zuge und spielt 13... Dd8-f6.

Das geschieht offenbar, um sofort 14. b3 zu verhindern.

14. Le2-a6 Lb7xa6 15. Da4xa6 Sd5-b4 16. Da6-e2 Tf8-d8

Wir sehen, Schwarz hat ein Tempo für die Turmentwicklung gewonnen, während der weiße Plan keinerlei Fortschritte gemacht hat.

17. a2-a3 Sb4-d3 18. Sf3-e1 Sd3xe1

Hier haben wir ein für Capablanca charakteristisches Prinzip: das Spiel zu vereinfachen durch Abtausch solcher Figuren (hier der Springer), die nichts zur Überlegenheit der Stellung beitragen – diese ist hier durch den Läufer und die Türme gegeben. Nebenbei gewinnt er ein Tempo für die Entwicklung des anderen Turms.

19. Tf1xe1 Ta8-c8 20. Ta1-b1 Df6-e5!

Durch die Drohung Ld6 zwingt er Weiß zu der Schwächung g3.

Begnüge dich nicht damit, feindliche Schwächen anzugreifen, sondern trachte danach, neue zu schaffen!

Das macht die Stärke des letzten Zuges von Schwarz aus! Seine Hauptdrohung, die auf der Stellung seiner Türme und der rückständigen Entwicklung von Weiß beruht, besteht darin, mit diesen Türmen auf der zweiten Reihe einzudringen. Dies wird umso verheerender sein, als Weiß auch noch zur Schwächung seines Königsflügels gezwungen wird. Und das strebte Schwarz mit seinem letzten Zug an. Also merken wir uns: Bei der Durchführung unseres Hauptplanes, der gegen die Schwächen der feindlichen Stellung gerichtet ist, wollen wir keine Gelegenheit ungenutzt lassen, den Gegner zu neuen Schwächungen zu zwingen; denn das wird uns später zugutekommen. Ohne eine solche weitere Schwächung könnte der Gegner die Partie trotz aller Schwierigkeiten vielleicht noch halten. Sehen wir uns an, wie die obige Partie weiterging:

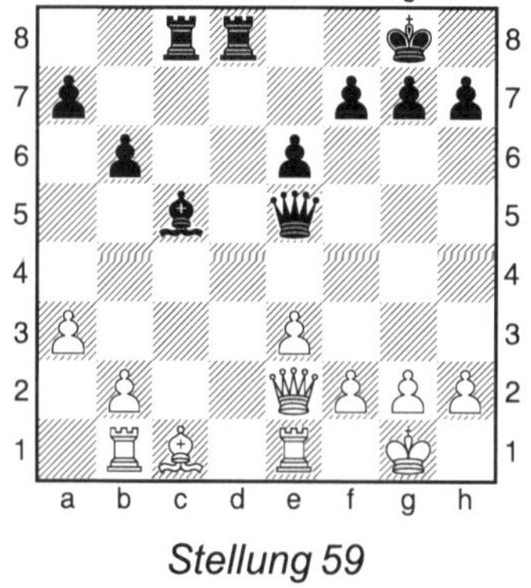

Stellung 59

21. g2-g3 De5-d5

Hier ist ein passender Zeitpunkt, von neuem Bilanz zu ziehen. Hinsichtlich der Zeit stehen beide gleich, jeder kann in 7 Zügen seine Stellung erreichen. Der Wert der Stellungen ist aber sehr verschieden. Denn Schwarz hat die Vorherrschaft im Zentrum, seine Türme stehen auf offenen Linien, sind also viel besser postiert als die weißen, und die weiße Stellung ist außerdem durch g3 geschwächt.

Schwarz kann jetzt die weiße Läuferentwicklung nicht länger verhindern. In der Tat muss der schwarze Lc5 nach b4 seine dominierende Stellung aufgeben. Aber die weißen Türme stehen noch schlecht. Es kostet Zeit, sie auf günstigere Felder zu bringen. Diese Zeit kann Schwarz nutzen, mit seinen Türmen in die weiße Stellung einzudringen, und wie gesagt, mit umso größerem Erfolg, als der weiße Königsflügel geschwächt ist. Es folgte

22. b2-b4 Lc5-f8

Ein sehr wichtiger Zug! Es ist oft schwer zu entscheiden, was das beste Rückzugsfeld für eine angegriffene Figur ist. Durch das Zurückweichen bis nach f8 beugt Capablanca erstens einem gelegentlichen späteren Schach auf der 8. Reihe vor, wenn seine Türme vorgedrungen sind. Zweitens deckt er das Feld g7 für den Fall einer Mattdrohung auf der großen Diagonale. Da offensichtlich Ld6 jetzt, wo Weiß schon g3 gezogen hat, zwecklos ist und überdies noch die offene Turmlinie verstellen würde, käme nur noch Le7 in Betracht, aber auf der Diagonale d8-

h4 ist der Läufer wirkungslos, ohne die bei Lf8 erörterten Vorteile zu bieten.

23. Lc1-b2 Dd5-a2

Nun droht sehr stark a5, was schließlich zum Verlust des a-Bauern führen würde.

24. Tb1-a1

Weiß kommt immer mehr in Schwierigkeiten. Er muss versuchen, den drohenden Turmeinbruch auf der 2. Reihe abzuwehren.

24. ... Da2-b3

25. Lb2-d4

In der Hoffnung, wenigstens den Turm d8 zu entschärfen.

25. ... Tc8-c2

26. De2-a6

Weiß versucht, sich Gegenchancen zu verschaffen. Vielleicht war es besser, die Dame auf die Grundlinie zurückzuziehen, aber Schwarz würde dann den Gegner mit f6 nebst e5 vor ein schwieriges Problem stellen.

26. ... e6-e5!

Ein sehr hübsches Bauernopfer, das auch dem anderen Turm die Bahn freimacht.

27. Ld4xe5 Td8-d2

Jetzt zeigt sich die Bedeutung von 20... De5 in vollem Licht. Alle weißen Felder des Königsflügels sind nun schwach. Vor allem kann der Läufer keine Deckungsaufgaben übernehmen, weil ihm das Feld g3 versperrt ist. Man mag sagen, Capablanca habe das nicht alles voraussehen können. Er hat gewiss nicht alle Varianten durchgerechnet, aber sein allgemeiner Angriffsplan basierte auf einer genauen Analyse der Stellung. Er erkannte, dass dieser Angriff durch das Eindringen der Türme auf die 2. Reihe erfolgen muss. Damit sie dort wirksam werden, musste er dem weißen Läufer das Feld g3 nehmen, wo dieser den Punkt f2 decken würde. Und da er dies unter gleichzeitiger Schwächung des Königsflügels erreichen konnte, ergab sich sein Zug De5 von selbst. Diese Überlegung ist typisch für den Kampf im Mittelspiel. Dadurch, dass der Meister alles, aber auch wirklich alles, in Betracht zieht, was seinem Plan dienlich ist, findet er den sicheren Weg durch das Gewirr der zahllosen, an sich möglichen Varianten.

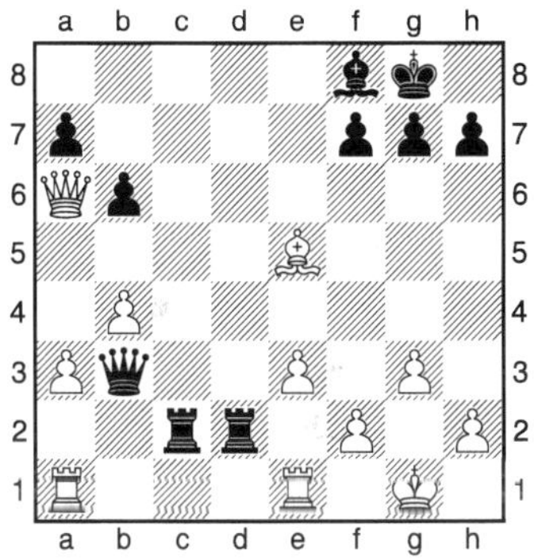

Stellung 60

28. Da6-b7

Weiß kann den Bf2 nicht decken wegen 28. Tf1 Dxe3! und wegen 28. Df1 Dd5 29. Ld4 Dh5 30. h4 Df3, und Schwarz gewinnt.

Mit seinem letzten Damenzug stellt Weiß wenigstens die Verbindung mit dem Königsflügel wieder her.

28. ... Td2xf2

29. g3-g4 Db3-e6

30. Le5-g3 Tf2xh2!

Sehr fein ausgedacht! Nach 31. Lxh2 Dxg4+ 32. Kh1 Dh3 ist das Matt nicht zu decken.

Man beachte, dass Weiß sich mit seinem 29. Zug eine neue Schwäche zugezogen hat, um seinen Läufer zur Verteidigung heranholen zu können. Es ist eben so: Eine Schwächung hat meist unerbittlich eine weitere zur Folge.

31. Db7-f3 Th2-g2+

32. Df3xg2 Tc2xg2+

33. Kg1xg2 De6xg4,

und Schwarz gewann mit den zwei Mehrbauern leicht, da seine Dame das ganze Brett beherrscht. (34. Tad1 h5 35. Td4 Dg5 36. Kh2 a5 37. Te2 axb4 38. axb4 Le7 39. Tde4 Lf6 40. Tf2 Dd5 41. Te8+ Kh7 Weiß gab auf!)

So wurde der Vorteil an Raum und Zeit in ein materielles Plus umgewandelt.

Diese feine Partie ist ein prägnantes Beispiel für den Grundsatz, dass man nach einem ganz bestimmten Plan spielen soll und dass dieser Plan auf einer sorgfältigen Stellungsanalyse beruhen muss. Hier gab es auf keiner Seite isolierte Züge. Die verschiedenen Phasen des Kampfes spielten sich in logisch aneinandergereihten Zugfolgen ab. Der Plan beider Gegner war korrekt. Wenn Schwarz gewann, so lag das an seiner Überlegenheit in der Ausgangsstellung und daran, dass er sie auszunutzen verstand. Hätte er seinem Gegner nur ein einziges Tempo geschenkt, so hätte dieser seinen Plan zum Ausgleich durchführen können.

Alles, was man zu tun hat, ist daher: logisch denken! Gewiss, das ist nicht leicht, aber es gehört auch keine besondere Veranlagung dazu. Es ist reine Denkfaulheit, wenn oft Züge ohne Sinn und Verstand gemacht werden, die gar nicht zur Stellung passen und in keiner Verbindung mit einem bestimmten Plan stehen.

Nun darf man aber nicht glauben, dass in jeder Partie ein einziger Plan den Verlauf von Anfang bis Ende bestimmt. Wir dürfen nicht vergessen, dass Schach ein Kampf ist. Immer und überall kollidieren unsere Ideen mit denen des Gegners.

Wir werden uns daher oft mit kleinen Erfolgen zufriedengeben müssen und froh sein, wenn wir aus einem Gefecht etwa mit einem bestimmten Positionsvorteil hervorgehen, auch wenn das nicht ganz der Hoffnung des ursprünglichen Plans entspricht. Und selbst wenn wir diesen verwirklichen konnten, so muss die Partie damit noch längst nicht gewonnen sein. Der weitere Verlauf erst wird zeigen, ob unsere Idee wirklich gesund war oder ob nicht etwa der Gegner über den besseren Plan verfügte.

Aber wenn wir unsere Absichten ausgeführt haben, ist eine neue Stellung entstanden, ein neues Stadium der Partie beginnt, und wir müssen uns einen neuen Plan zurechtlegen, der sich selbstredend dem vorhergehenden logisch anfügen muss. Es ist ganz wesentlich, in diesem Moment wiederum eine gründliche Stellungsanalyse vorzunehmen, und im besonderen Maße gilt dies für den kritischen Moment, in dem das Mittelspiel ins Endspiel übergeht.

Werde auch in einer Gewinnstellung nicht nachlässig!

Gerade wenn man fühlt, dass man den Gewinn in der Hand hat, unterliegt man leicht der Gefahr, hastig und übereilt zu ziehen. Man vergisst die nötige Vorsicht, wird sorglos und unachtsam. Oder aber man wird umgekehrt überängstlich und gibt so dem wachsamen Gegner Gelegenheit, sich aus der Klemme zu ziehen.

Nirgends ist „ruhiges Blut“, klares Denken notwendiger, als wenn man des Sieges schon sicher ist. Wie schon mehrfach betont, ist das meistens just der Augenblick, wo der Übergang in ein neues Partiestadium ansteht. An dieser Stelle ist größte Sorgfalt am Platze, und niemals sollte man es versäumen, in diesem kritischen Moment Bilanz zu ziehen. Durch gedankenloses, überstürztes Spiel in derartigen Stellungen wurden zahllose Partien nur remis oder gingen gar verloren, die an sich leicht hätten gewonnen werden können.

Wenn wir also eine klar gewonnene Stellung haben, werden wir erst recht mit größter Aufmerksamkeit weiterspielen. Denn ein sorgloser oder inkonsequenter Zug kann dem Gegner Remis oder gar Gewinnchancen ermöglichen.

In der Partie **Nimzowitsch – Capablanca** sahen wir, wie Schwarz den Vorteil seines gut entwickelten Läufers in Stellungsvorteil seiner Türme umwandelte. Dabei ließ er sich von zwei Ideen leiten: die Entwicklung des weißen Läufers so lange wie möglich hinauszuzögern und die so gewonnene Zeit zu nutzen, um seine Türme besser zu positionieren. Weiß seinerseits konnte nur ein Ziel verfolgen, nämlich die Entwicklung seines Damenläufers möglichst schnell abzuschließen. Denn solange er dies nicht erledigt hat, ist er deutlich in Nachteil. Schwarz hatte also das leichtere Problem.

Im nächsten Beispiel werden wir einen wirklichen Kampf erleben insofern, als beide Gegner einen Plan verfolgen, der beiderseits auf durchaus gleichwertige Voraussetzungen bauen kann.

Stellung 61 ist eine Weiterführung von Stellung 55. Wir erinnern uns an die Ausführungen zu Stellung 56, die eine dem Weißen vorschwebende Position bei dem Entwicklungsplan e4 nebst Lg5 zeigte. Die Stellung 56 war ein

Idealbild ohne Berücksichtigung eines unterdessen erfolgten schwarzen Gegenspiels.

In der Stellung 61 haben wir die wirkliche Weiterentwicklung der Stellung 55 vor uns, wie sie sich aus dem Widerstreit der beiderseitigen Pläne ergab, und ein genauerer Vergleich dieser beiden Stellungen ist an sich schon sehr instruktiv.

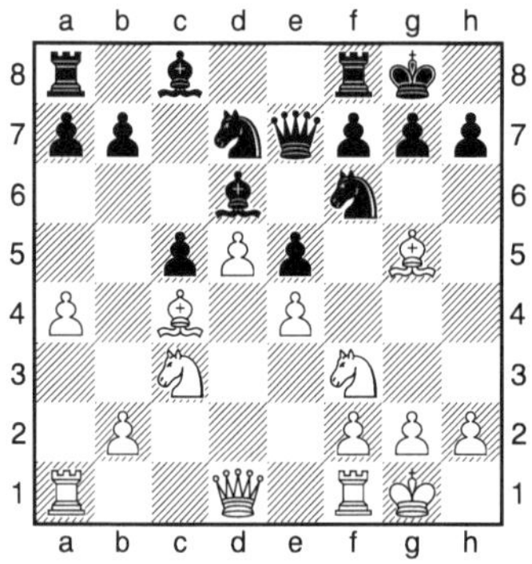

Stellung 61

Wie immer wollen wir mit einer Analyse der Position beginnen.

Stellung 61 erreichen wir aus Stellung 55 durch folgende Züge: 8. e3-e4 d5xc4 9. Ld3xc4 e6-e5 10. Lc1-g5 Dd8-e7 11. d4-d5 c6-c5 12. a2-a4, Schwarz ist demnach am Zuge. Daher hat Weiß nur einen Zug voraus (nicht etwa zwei).

Die Stellungen sind ziemlich gleich. Weiß hat einen gedeckten Freibauern auf d5, als Ausgleich hat Schwarz auf dem Damenflügel die Bauernmehrheit.

Um einer unangenehmen Überraschung durch das Vorrücken dieser Bauern vorzubeugen, hat Weiß 12. a4 gezogen. Momentan könnten sie zwar noch nicht viel ausrichten, im Endspiel aber würden sie leicht zu einer ernstlichen Gefahr werden, besonders im Hinblick auf den rückständigen weißen b-Bauern. (Ein Bauer heißt „rückständig“, wenn er, auf einer halboffenen Linie stehend, gegenüber seinen Nachbarbauern zurückgeblieben ist.)

Weiß dagegen ist eben wegen seines schönen gedeckten Freibauern d5 im Zentrum stärker. Bei einer passiven Verteidigung von Schwarz würde Weiß mit jedem Zug seine Position verstärken, bis seine Überlegenheit entscheidend wird.

Was soll nun Schwarz unternehmen?

Der Nachziehende hat tatsächlich wenig Auswahl. Da er im Augenblick auf dem Damenflügel nichts ausrichten kann, muss er versuchen, auf dem Königsflügel zum Angriff zu kommen. Das Problem besteht darin, wie so ein Angriff einzufädeln ist, denn Weiß hat gegenwärtig noch keinerlei Schwäche auf dem Königsflügel. Schwarz kann ein Tempo gewinnen, indem er den Lg5 angreift. Um die Fesselung aufrechtzuerhalten, wird Weiß wohl mit dem Läufer nach h4 zurückgehen, und dies würde Schwarz zu dem schönen Feld f4 verhelfen.

Hier liegt, wenn wir so wollen, die einzige Schwäche des weißen Königsflügels. Wenn Schwarz auf f4 einen Springer postieren könnte, würde dieser dort sehr stark stehen und eine ernstliche Bedrohung des weißen Bollwerks bedeuten. Wenn Weiß sich vom Druck dieser Drohungen befreien und hierzu den Springer durch g3 vertreiben will, so hat der Springer seine Mission gut erfüllt, wurde doch der weiße Königsflügel durch die bösen Löcher auf f3 und h3 ernsthaft geschwächt. Die Frage ist nur, wie Schwarz einen Springer nach f4 überführen kann. Dabei darf er den Hauptplan, die Entwicklung des Lc8, nicht aus den Augen verlieren.

Somit kristallisiert sich für Schwarz ein scharf umrissener Plan heraus: Es ist der Sd7, der die beschriebene Aufgabe übernehmen muss und über f8 und g6 nach f4 wandern soll. Man beachte, wie mit dem ersten Zug Sf8 gleichzeitig die Diagonale des Lc8 geöffnet wird. Bevor jedoch der Springer seine Reise ins Feindesland antritt, muss Schwarz für genügende Unterstützung sorgen, wenn er auf f4 landet. Das geschieht durch g5, wieder mit gleichzeitigem Tempogewinn. Wenn er diese Vorsichtsmaßnahme unterlässt, könnte Weiß den Springer sofort auf f4 abtauschen, und da Schwarz dann mit dem e-Bauern wiederschlagen müsste, würde dadurch das weiße Zentrum gestärkt.

Wir wollen einmal annehmen, Schwarz könnte seinen Plan ungehindert durchführen. Die Zugfolge h7-h6, g7-g5, Tf8-e8, Sd7-f8, Sf8-g6, Sg6-f4 würde die schwarzen Figuren in die in Stellung 62 wiedergegebene Position bringen. Dies gibt uns wieder ein Idealbild, wie es entstehen könnte, wenn keinerlei gegnerische Aktion störend eingreift.

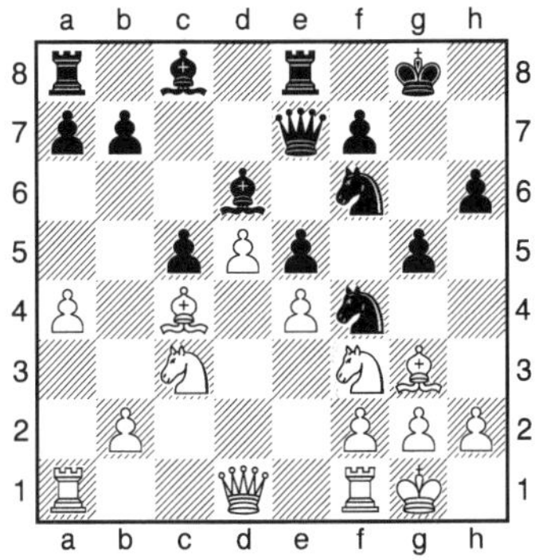

Stellung 62

Damit kommen wir aber zu einem sehr wichtigen Punkt. Gerade ein solches Idealbild ist es, das wir uns bei der Gestaltung unseres Planes in Gedanken vorstellen müssen, wobei der Plan selbst natürlich aus der Analyse der Stellung erwachsen muss.

Belaste dich nicht mit undurchführbaren Berechnungen!

Das häufig angewandte Verfahren: „Mache ich dies, antwortet er das; darauf kann ich so ziehen und er wieder so; dann könnte ich das machen, usw.“ ist nicht nur absolut unnütz, sondern sogar gefährlich; denn man vergeudet seine Zeit und verliert sich nur in ein Labyrinth von Berechnungen, ohne jemals zu Ende zu kommen.

Nein! Zuerst entwerfen wir das Idealbild, wie es ohne gegnerische Störung aus der Stellung entstehen könnte. Das halten wir uns deutlich vor Augen, und dann erst fragen wir uns, welchen allgemeinen Plan wohl der Gegner dem unsrigen entgegensetzen kann. Ob er vielleicht seinerseits eine stellungsgemäße Aktion durchzuführen droht, der umgekehrt wir entgegentreten müssen, ohne unseren eigenen Plan außer Acht zu lassen. Weiter fragen wir uns, ob unsere Idee wirklich ausführbar ist und ob die Drohungen, die das Idealbild verspricht, auch realisierbar sind. Exakte Berechnungen sind im Allgemeinen nur bei Kombinationen möglich, bei welchen die Gegenzüge nahezu erzwungen sind, wie das z.B. in Stellung 26 der Fall war.

Nun wollen wir uns wieder der Stellung 61 zuwenden. Gemäß seinem Plan zieht Schwarz

12. ... h7-h6

Weiß kann nicht wissen, ob dieser Zug einen Angriff einleiten soll oder nur auf die Entfesselung des Springers abzielt. Jedenfalls hat er sich zu entscheiden, wohin er den Läufer zurückziehen soll, und wird gewiss die Fesselung aufrechterhalten, also

13. Lg5-h4 Tf8-e8

Dieser Zug ist für Weiß leicht verständlich. Der Nachziehende will offenbar seinen Lc8 entwickeln, wie er das schon mit e5 angedeutet hatte. Deshalb muss er ein Feld für den Springer freimachen, der ja den Läufer zunächst noch verstellt. Mit Te8 schafft er dem Springer nicht nur ein günstiges Feld, von wo aus er den Punkt h7 deckt und die Felder e6 und g6 bewacht, sondern er bringt auch den Turm ins Spiel, der auf dieser Linie den eigenen e-Bauern schützt und evtl. den weißen e-Bauern bedroht.

Soweit ist alles klar. Aber Weiß darf sich damit nicht zufrieden geben. Verbindet Schwarz nicht noch weitere Absichten mit diesem Sf8? Was ist wohl sein vollständiger Plan? Wenn Weiß ihn nicht rechtzeitig durchschaut, ist es leicht möglich, dass er nicht mehr die Zeit für eine ausreichende Verteidigung findet. Seine Stellungsanalyse hat ihm gesagt, dass Schwarz derzeit nichts Wesentliches auf dem Damenflügel unternehmen kann, und unter diesem Gesichtspunkt muss ihm der Zug Sf8 als Auftakt zu einem Angriff auf dem Königsflügel erscheinen, mit dem Ziel, diesen Springer als Vorposten auf f4 festzusetzen. Und plötzlich erscheint vor seinen Augen das von Schwarz anvisierte Idealbild, d.h. Stellung 62.

Weiß überlegt nun: Ist diese Stellung wirklich so gefährlich für ihn, dass er Schwarz auf alle Fälle an der Verwirklichung derselben hindern muss? Welche Verteidigungsmaßnahmen sind zu ergreifen, wenn all das nicht so schlimm ist? Wird Schwarz, um seinen Plan durchzuführen, nicht eine Schwächung seiner eigenen Stellung in Kauf nehmen müssen?

Nochmals weisen wir ausdrücklich auf die besondere Art des Denkprozesses in einer Schachpartie hin: Weiß wird hier ganz gewiss nicht versuchen, jeden einzelnen möglichen Zug von Schwarz zu untersuchen, er wird vielmehr bemüht sein, dessen gesamten Plan zu durchschauen und allgemeine Maßregeln dagegen zu ergreifen. Wenn wir nur darauf ausgehen, eine Verteidigung gegen jeden einzelnen Zug zu finden, ohne zu beachten, dass alle Züge einer planmäßigen Zugfolge angehören müssen, wird sich unsere Verteidigung bald als ungenügend erweisen.

Unter diesem Gesichtspunkt ist es nun nicht so schwierig, einen Gegenplan gegen die schwarzen Drohungen zu ersinnen. Wir überlegen: Angenommen, der schwarze Springer strebt nach f4. Mag er! Unser weißer Springer f3 kann eine vergleichbare Route mit dem Zielfeld f5 einschlagen. Er bedroht dann die schwarze Königsstellung genauso wie der Sf4 die unsrige. Nur werden unsere Drohungen durchschlagskräftiger sein, da die schwarze Königsstellung bereits durch das Aufziehen des g- und h-Bauern geschwächt ist. Als weiteres, sehr wichtiges Moment kommt hinzu, dass unser Springer auf f5 nicht mehr durch einen Bauern vertrieben werden kann. Aus diesen Erwägungen heraus zieht Weiß

14. Sf3-d2

Ohne die obigen Ausführungen würde man beim Nachspielen der Partie den Sinn dieses Zuges kaum verstehen. Weiß setzt den gut stehenden Sf3 auf ein Feld, wo er wirkungslos ist!?

Wir wissen jetzt, dass dies nur der Anfang eines langen Weges für den Springer mit dem Endziel f5 ist. Allerdings ist das auch nur ein Teil des Idealbildes, wie es dem Weißen vorschwebt. Er hat des Gegners Plan durchschaut: sein Läufer soll nach g3 getrieben werden, wo er abgemeldet wäre. Deshalb denkt Weiß nicht nur an die Zugfolge Lb3 oder La2, Sc4, Se3, Sf5 oder Te1, Sf1, Sg3, Sf5, sondern auch an f3 und Lf2, wo sein Läufer eine schöne Diagonale mit Angriff auf den Bc5 zur Verfügung hätte.

Diese Partie ist interessant, weil hier die beiderseitigen Ideen aufeinanderprallen. Aber Schwarz hat des Gegners Plan nicht vollständig erfasst, während der seinige für Weiß ein aufgeschlagenes Buch ist. Er hält nämlich Sd2 nur für einen Verteidigungszug, um f3 und Lf2 vorzubereiten. Deshalb zieht er, um sogleich noch ein Tempo zu gewinnen,

14.	**...**	**g7-g5**
15.	**Lh4-g3**	**Sd7-f8**
16.	**f2-f3**	**Sf8-g6**
17.	**Lg3-f2**	

Die Stärke dieses Zuges besteht im Angriff auf den Bc5, dessen Verteidigung sich Schwarz nun widmen muss. Außerdem wird so der g-Bauer frei, um gelegentlich den lästigen Eindringling von f4 zu vertreiben.

17. ... Kg8-g7?

Dies beweist, dass Schwarz den Plan des Gegners tatsächlich nicht durchschaut hat, sonst würde er den König nicht auf ein Feld stellen, wo er einem späteren Springerschach ausgesetzt ist.

Wenn Schwarz die Partie verliert, so liegt der Grund dafür nicht eigentlich in schlechtem Spiel, aber er erkennt den feindlichen Plan nicht vollständig oder erst, als es zu spät ist und er keine hinreichende Verteidigung mehr finden kann.

Wieder ein Beweis dafür, wie essentiell es ist, eine gründliche Stellungsanalyse vorzunehmen, und zwar aus eigener Sicht wie aus der Perspektive des Gegners. Nur so kann ein vernünftiger Plan für das eigene Spiel entwickelt, aber auch dem Plan des Gegners rechtzeitig entgegengewirkt werden.

Schwarz hat sich durch das Spiel von Weiß täuschen lassen. Dessen letzte Züge schienen so eindeutig auf Verteidigung abgestellt zu sein, dass Schwarz gar nicht daran dachte, sie könnten auch einen Angriff vorbereiten. Und doch lauert ernstliche Gefahr im Hintergrund!

Was ist nun der vollständige Plan von Weiß? Es ist gar nicht so schwer, ihn zu finden. Seine eigentliche Überlegenheit besteht in dem gedeckten Freibauern d5. Schwarz darf diesem nach Möglichkeit nie ein Vorrücken gestatten.

Hier müssen wir, um die Stellung völlig zu verstehen, eine kleine Nebenbetrachtung einschieben.

Versäume nie, feindliche Freibauern zu blockieren!

Wenn der Gegner einen Freibauern besitzt, so muss es unsere vordringlichste Aufgabe sein, ihm rein mechanisch das Vorrücken unmöglich zu machen, d.h. ihn zu blockieren. Dazu müssen wir eine Figur, nach Möglichkeit eine schwächere oder weniger wichtige, direkt vor dem Bauern postieren. So eine Figur nennt Nimzowitsch den „Blockeur". Solange der Blockeur sich auf seinem Posten behauptet, ist der Freibauer am weiteren Vorrücken gehindert.

Die Bemühungen des glücklichen Besitzers eines solchen Bauern werden natürlich darauf abzielen, die Blockade aufzuheben, sei es durch Abtausch oder sei es durch Vertreiben der blockierenden Figur, um so dem Freibauer den Weg freizumachen.

Schwarz sollte dies bei seinen Überlegungen über die obige Stellung einbeziehen und sich rechtzeitig fragen, welche Maßnahmen Weiß ergreifen kann, um die Bahn für den Bauern zu räumen. Das kritische Feld ist d6. Es muss auf alle Fälle besetzt gehalten werden, um den weißen Freibauern zu blockieren. Dieses Feld kann durch einen weißen Springer von f5, c4 und b5 aus angegriffen werden. Die Schwäche des Zuges Kg7 beruht wesentlich auf dem Umstand, dass ein nach f5 hüpfender Springer gleichzeitig Schach bietet und den Punkt d6 angreift, d.h. den dort stehenden Blockeur.

Die Züge von Weiß waren demzufolge nur taktische Bestandteile eines großen strategischen Planes, der letztlich gegen d6 gerichtet ist, um damit die erste Etappe seines Hauptzieles, das Vorrücken des d-Bauern, zu erzwingen. Jetzt deckt er seine Karten auf mit

18. Sc3-b5

Schwarz muss bestrebt sein, die Blockade aufrechtzuerhalten, und lässt demzufolge den Ld6 stehen.

18. ... Lc8-d7

19. Sb5xd6 De7xd6

20. Lc4-b5!

Weiß verfolgt konsequent sein Ziel, die Blockade zu brechen. Er musste hier ein wenig achtsam sein und die Tragweite von 20... Lxb5 21. axb5 berechnen. Natürlich gewinnt er nach 21... Db6 22. Sc4 Dxb5 23. Sd6 die Qualität.

Die Schwierigkeit lag indessen darin, die Gefahr des isolierten Doppelbauern auf der b-Linie abzuschätzen. Allerdings würden die beiden offenen Turmlinien diese Bauernschwäche reichlich ausgleichen. Er hätte diese Gefahr, wenn von einer solchen überhaupt die Rede sein kann, gar nicht heraufbeschwören müssen, denn er konnte dasselbe Ziel auch auf einem längeren Weg erreichen, nämlich durch Db3 oder De2, Lb5 und dann Sc4. Schwarz erkennt dies alles und zieht

20. ... b7-b6

Er schlägt also den Läufer nicht, sondern beeilt sich, in der verfügbaren Zeit seinen wertvollen Bc5 zu decken, der jetzt schon durch 21. Lxd7 Dxd7 22. Lxc5 gefährdet war.

Der weiße Damenläufer hat sich also auf seinem neuen Standort f2 zu einem gewaltigen Angriffsfaktor gewandelt.

Belasse deine Figuren nicht in unwirksamen Stellungen!

Welch klägliche Rolle würde dieser Läufer spielen, wenn er auf g3 geblieben wäre! Er wäre dort kaum mehr wert als ein Bauer.

Hier haben wir ein instruktives Beispiel für den Grundsatz: Steht eine Figur ungünstig, ist ihr Aktionsradius beschränkt, so muss es unsere erste Aufgabe sein, ihr eine bessere Stellung zu verschaffen. In der vorliegenden Partie kann Weiß seine Pläne viel leichter durchführen, weil er bei der Postierung seines Damenläufers diesen Grundsatz in weiser Voraussicht befolgt hat.

21. Sd2-c4

Weiß tauscht die Läufer nicht sofort, weil er auf diese Weise vorab noch ein Tempo gewinnen kann.

21. ... Dd6-e7

22. Lb5xd7 De7xd7

23. a4-a5!

Hier hätte Weiß auch sofort Se3 mit der Drohung Sf5+ spielen können, aber er zieht es mit Recht vor, zunächst noch den weißen Damenflügel zu schwächen und damit die Wirkung des Lf2 weiter zu steigern. (Man vergleiche die Ausführungen zu Stellung 58, wo Capablanca mit seinem Zug De5 eine ähnliche Taktik verfolgte.)

Aber es steckt noch ein anderer Gedanke von größter Wichtigkeit hinter diesem letzten Zug.

Wir können im Schach nur mit Hilfe von Drohungen gewinnen. Das mögen direkte oder indirekte, wirkliche oder nur scheinbare Drohungen sein. Sie mögen auf der Hand oder noch in weiter Ferne liegen.

Hier ist ein wichtiger Unterschied zu beachten! Gegen eine unmittelbare, direkte Drohung ist es meist nicht schwierig, eine ausreichende Parade zu finden, vorausgesetzt, dass das Kräfteverhältnis einigermaßen ausgeglichen ist. Aber man wird nur dann eine gute Verteidigung gegen eine versteckte Drohung finden, wenn man diese rechtzeitig antizipiert, d.h. zu dem Zeitpunkt, wo sie auch vom Gegner eingeplant wird.

Viel schwieriger wird die Sache, wenn zwei Drohungen gleichzeitig auftreten. Das kann häufig dadurch erreicht werden, dass die versteckte Drohung durch eine Folge von direkten Drohungen vorbereitet wird. Im gegebenen Augenblick wird neben der direkten auch die indirekte Drohung akut. Unser Gegner, der genug zu tun hatte, die Einzeldrohungen zu parieren, konnte nicht auch noch genügende Abwehrmaßnahmen gegen die indirekte ergreifen und steht nun der Doppeldrohung hilflos gegenüber. Er hat nur die Wahl, entweder die eine oder die andere Drohung zu parieren, und hat sich zu entscheiden, welches von den zwei Übeln er als das kleinere wählen will. So ist es auch in der vorliegenden Partie. Nach

23. ... b6-b5

24. Sc4-e3

bemerkt Schwarz plötzlich, dass Weiß mit seinem nächsten Zug Sf5+ und dann Lxc5 droht. Seine Mittel erlauben es ihm natürlich nicht, einen Bauern herzugeben. Also:

24. ... Dd7-c7

25. Se3-f5+ Kg7-h7

So hat Weiß schließlich die Stellung erreicht, die ihm vorgeschwebt hatte, nämlich Stellung 63. War sein Plan wohl begründet, seine Überlegungen richtig, so sollte er nun ein gewonnenes Spiel haben, denn er besitzt einen unblockierten Freibauern. Sein Springer hat auf f5 eine feste Stellung bezogen und kann kaum vertrieben werden, weil der schwarze g-Bauer schon bis nach g5 vorgerückt ist.

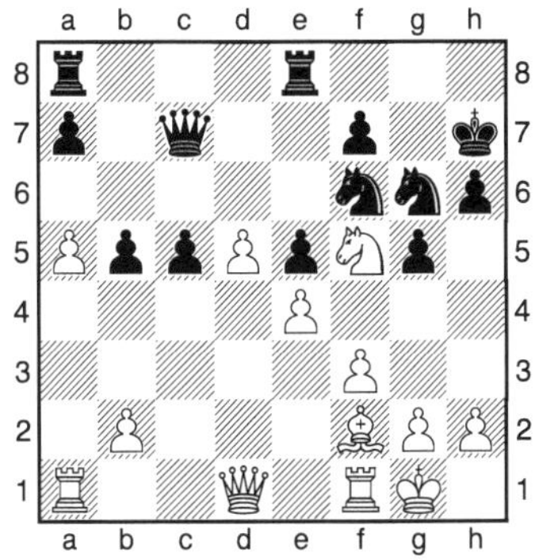

Stellung 63

Schwarz hat hingegen seinen Plan, den Springer nach f4 zu bringen, noch nicht umsetzen können. Selbst wenn er dies täte, könnte Weiß ihm sofort wieder mit g3 „heimleuchten“, sobald er dort irgendwie lästig zu werden droht.

Man beachte auch, welch wichtige Rolle der weiße Königsspringer hierbei gespielt hat! Als Weiß 14. Sd2 zog, konnte er gewiss nicht alle Einzelheiten der weiteren Partie voraussehen, wohl aber war ihm klar, dass dieser Springer im Stande war, sein Ziel f5 zu erreichen, entweder auf dem Weg über f1 und g3 oder aber über c4 und e3. Er wählte den letzteren, weil dabei der Springer stets einige andere Drohungen ausübte und gleichzeitig den Angriff auf den schwarzen Damenflügel unterstützte. Ferner war bei dieser Marschroute der Springer ständig besser postiert als auf dem Alternativkurs über f1-g3, wo er eine Zeitlang dem Kampfplatz im Zentrum fern gewesen wäre. Überdies hätte Weiß mit Sf1 seine Absicht allzu eindeutig erkennen lassen. Bei dem Weg über das

Zentrum hat er Schwarz im Zweifel gelassen über den Einsatzort des Springers, da dieser von der Mitte aus leicht auf beide Flügel schwenken könnte. Dadurch wurde Schwarz unsicher.

Die Nutzanwendung: Wir wählen nach Möglichkeit immer diejenige Zugfolge, die unseren Figuren die größere Freiheit des Handelns gestattet, so dass dem Gegner möglichst bis zuletzt unklar bleibt, was eigentlich unser Hauptziel ist.

Weiß hat nun eine ideale Angriffsstellung, denn er kann auf doppelte Weise den Gegner belästigen, einmal durch direkten Angriff auf die stark geschwächte Königsstellung, anderseits aber auch durch das Vorrücken seines d-Bauern. Dieser Freibauer wird noch stärker, wenn die Figuren beseitigt werden. Daher ist Weiß gut beraten, zunächst den König anzugreifen. Er wird das Vorrücken des d-Bauern, das als latente Gefahr über Schwarz schwebt und diesen dauerhaft lähmt, für einen günstigeren Zeitpunkt aufheben.

Man beachte, dass f6, g7, h6 die schwachen Felder sind, und gegen diese richtet sich naturgemäß der Angriff. Der Weg dafür ist klar vorgezeichnet. Der Sf5 bedroht bereits g7 und h6. Der Vorstoß des h-Bauern kann eine weitere Schwächung erzwingen. Die weiße Dame wird dann auf der Diagonale c1-h6 sehr bedrohlich wirken. Es fragt sich nur, wo wir sie optimal platzieren.

Auf den ersten Blick sieht Dc1 sehr gut aus, weil damit (nach h4 und gxh4) die Doppeldrohung Dxh6 und Dxc5 verbunden wäre. Aber Schwarz hätte darauf die ausreichende Antwort Sf4 mit der Drohung, durch Se2+ die Dame zu gewinnen. Deshalb muss Weiß auf diesen schönen Plan verzichten und sich mit Dd2 begnügen.

Wenn wir wiederum die Stellung analysieren, erkennen wir, dass Schwarz seit der letzten Bilanz (beim 12. Zug) zwei Züge gewonnen hat. Aber er hat an Raum verloren, denn Weiß ist im Zentrum jetzt noch stärker als vorher, und sein Springer hat eine dominierende Stellung eingenommen. Auch der Lf2 steht ausgezeichnet. Ferner ist der schwarze Königsflügel durch das Aufziehen des g- und h-Bauern arg geschwächt.

Selbst die einzige Schwäche von Weiß, der a-Bauer, erfüllt noch einen guten Zweck insofern, als er Schwarz daran hindert, seine Bauernübermacht auf dem Damenflügel zur Geltung zu bringen. Das ist ja dessen einzige Hoffnung, die Partie zu halten. Der Vorteil von Weiß ist also handgreiflich. Es folgte weiter:

26. Dd1-d2 Sg6-f4

27. g2-g3

Man sieht nun, wie wichtig es ist, die Bauern nicht unnütz „aufzuziehen“. Nur wenn ein wirklicher Vorteil damit verbunden ist, sollte man sie in Bewegung setzen. Es ist mittlerweile offensichtlich, dass g5 ein schlechter Zug von Schwarz war. Aber wie konnte er das voraussehen? Dieser Vorstoß war ja ein notwendiger Bestandteil seines Plans.

27. ... Sf4-h3+

28. Kg1-g2 Sh3xf2

29. Tf1xf2

Wieder droht Weiß h4. Schwarz könnte dem mit Tg8 nebst Tg6 begegnen. Aber er wäre hilflos, wenn Weiß hxg5 nebst Th1 spielt. Deshalb muss er nach einer anderen Verteidigung Ausschau halten. Er versucht, seinen g-Bauern mit dem König und den h-Bauern mit dem Turm zu decken. Deshalb

29 .... Kh7-g6

30. h2-h4 Te8-h8

Weiß könnte nun schon 31. Sxh6 spielen, denn nach Txh6 gewinnt er mit 32. hxg5 seine Figur zurück. Er hätte dann zwar einen Bauern mehr, aber sein Angriff wäre zu Ende, und Schwarz wäre im Besitz der offenen h-Linie.

Daher spielt Weiß viel stärker

31. h4xg5 h6xg5

32. d5-d6!

Der geeignete Augenblick zum Vorgehen des Freibauern ist gekommen. So ergeht es einem immer, wenn ein feindlicher Freibauer nicht blockiert wird: Nicht wenn man es selbst gern hätte, sondern wenn es dem Gegner passt rückt der Freibauer vor, und man kann den Zeitpunkt nicht vorhersehen. Die Drohung schwebt stets über uns, ohne dass wir sie ausschalten können.

Es erscheint uns jetzt selbstverständlich, dass ein erfahrener Spieler die Blockade eines feindlichen Freibauern niemals unterlässt oder diese ohne Zwang aufgibt.

32. ... Dc7-d7

33. Sf5-e7+

Damit ist der Zweck des Vorgehens klar: Nicht nach Umwandlung in eine Dame steht dem d-Bauern der Sinn, sondern er soll dem Sf5 einen neuen Stützpunkt für die Fortsetzung des Königsangriffs verschaffen.

33. ... Kg6-g7

34. Dd2xg5+ Kg7-f8

Nun darf Weiß nicht etwa den Sf6 schlagen, denn danach würde er durch Dh3+ nebst Dh1 in zwei Zügen mattgesetzt. Gerade wenn man eine gewonnene Partie hat, muss man achtsam spielen und gegnerischen Fallen ausweichen!

35. Se7-f5

Damit sperrt Weiß die Diagonale c8-h3 und deckt gleichzeitig den d-Bauern.

Schwarz ist nun in großer Verlegenheit. Denn Weiß droht zweierlei, nämlich Dg7+ und Dxf6. Dagegen scheint auf den ersten Blick Sh5 die gegebene Verteidigung zu sein, denn auf 36. Th1 würde Sf4+ 37. gxf4 Tg8 mit Damengewinn folgen – sollte man denken! Aber Weiß hätte die feine Antwort 38. Th8!! zur Verfügung. Nun ist der Turm gefesselt, und auf 38... Txh8 folgt Matt in zwei Zügen.

Deshalb muss Schwarz nach einer anderen Verteidigung suchen und spielt

35. ... Sf6-e8

36. Ta1-h1 Th8xh1

Auf Tg8 würde ein prächtiges Matt in zwei Zügen folgen, nämlich 37. De7+! Dxe7 38. dxe7#.

Wir haben hier ein sehr instruktives Beispiel für die gewaltige Kraft eines Freibauern und dafür, in welch klägliche Lage man geraten kann, wenn man die Blockierung eines feindlichen Freibauern vernachlässigt.

37. Kg2xh1

Nun ist schon wieder eine Mattdrohung erschienen, nämlich 38. Th2 39. Th8#. Die folgenden Züge von Schwarz, dessen Stellung hoffnungslos ist, sind erzwungen.

37. ... f7-f6

38. Dg5-h6+ Kf8-f7

39. Dh6-h7+ Kf7-e6

40. Dh7-g8+ Dd7-f7

41. Sf5-g7+ Se8xg7

42. Dg8xa8

Schwarz gab hier auf, nicht weil er die Qualität verloren hat, sondern weil Damenverlust mit bald folgendem Matt durch 43. Dd5+ usw. droht. Und den Bd6 darf er nicht schlagen, weil dann 43. Td2+ sehr schnell entscheiden würde.

Man beachte, dass Weiß seinen ganzen Angriff, der mit 14. Sd2 eingeleitet wurde, wie aus einem Guss durchgeführt hat, wobei er sich die Stärke seines Freibauern, der schließlich eine ausschlaggebende Rolle spielte, wesentlich zunutze gemacht hat.

Einige Varianten dieser Partie sind sehr beeindruckend. Aber nicht deswegen haben wir sie so ausführlich behandelt, sondern weil sie ein sehr instruktives Beispiel für den Kampf der Ideen und für die Logik im Schach darstellt.

Jeder der beiden Gegner hat sich einen prinzipiell vernünftigen, aus der Analyse der Stellung resultierenden Plan zurechtgelegt. In dem entstehenden Kampf hat Weiß entscheidenden Vorteil erlangt, weil er die Absichten des anderen durchschaute und seine Operationen darauf abstellen konnte, während Schwarz nicht die ganze Tragweite des feindlichen Angriffs erfasste. Daher erzeugte er bei der Durchführung seines Plans Schwächen im eigenen Lager, die Weiß bei seinem Angriff zu nutzen verstand. Schwarz erkannte zu spät die über ihm schwebende Gefahr und konnte dann keine ausreichende Verteidigung mehr finden.

Nun darf man dieses Büchlein nicht aus der Hand legen in der Überzeugung, niemals mehr eine Partie zu verlieren, wenn man nur gewissenhaft eine Stellungsanalyse durchführt und daraufhin einen vernünftigen Plan aufbaut! Wir werden noch manche Partie verlieren, aber auch in diesen Partien wird unser Spiel nun logisch sein, und der Gegner wird sich enorm anstrengen müssen, um siegreich zu bleiben.

Das Eine aber dürfen wir hoffen: Wer die hier entwickelten Ideen sorgfältig verarbeitet und die zahlreichen Verbote, mit denen die vorstehenden Seiten gefüllt sind, achtsam befolgt, dem wird das Spiel größere Freude bereiten als bislang! Denn er weiß genau, was er will. Seine Züge und Zugfolgen haben Hand und Fuß, und er wird auch des Gegners Absichten leicht durchschauen. Es ist uns jetzt klar geworden, dass Schach wirklich ein Kampf des Verstandes ist und nicht etwa ein Prozess des Zufalls.

Gerade durch die Diskussion dessen, was wir nicht tun dürfen, wie es auf diesen Seiten verdeutlicht wurde, haben wir sicherlich unsere Spielstärke vergrößert. Und wenn nach einer deprimierenden Niederlage unser Gegner erstaunt aufschaut und fragt, wie das nur geschehen konnte, so können wir ihm nun das Geheimnis verraten: Ja, wir haben gewusst:

So darfst Du nicht Schach spielen!

Als Studienmaterial verwendete Partieausschnitte

Bei der Erklärung grundlegender schachtheoretischer Sachverhalte bedienten sich die Autoren dieses Lehrbuchs mitunter allgemeiner Lehrbeispiele.

Daneben wurden aber auch zahlreiche authentische Stellungen zur Veranschaulichung der Materie herangezogen, die aus der Spielpraxis klassischer und moderner Meister und Großmeister stammen.

Nachfolgend finden Sie eine Zusammenstellung der als Studienmaterial verwendeten Partien bzw. Partieausschnitte: